APRENDA
INGLÉS
YA

APRENDA INGLÉS YA

Ediciones Viman, S.A de C.V.,
Nicolás San Juan 1043, Int. 1, Col. Del Valle,
03100, México, D.F.

1a. edición, mayo 2010.

© Aprenda inglés ya

© 2010, Ediciones Viman, S.A. de C.V.
Nicolás San Juan 1043, Int. 1, Col. Del Valle
03100, México, D.F.
Tel. 55 75 66 15 / 55 75 87 01
ISBN-13: 978-607-485-028-4
Miembro de la Cámara Nacional
de la Industria Editorial No 3427

Proyecto: Juan Pablo Morales Anguiano
Diseño de portada: Karla Silva
Formación tipográfica: Juan Pablo Morales Anguiano
Supervisor de producción: Leonardo Figueroa

Impreso en México - Printed in Mexico

I. PRONUNCIACIÓN

Como todo idioma que se habla en cualquier parte del mundo, la pronunciación del inglés es sumamente importante para lograr hacerse entender. En este idioma, el sonido de cada letra varía dependiendo de las letras que compongan una palabra determinada.

A continuación, te presentamos el alfabeto y el sonido de cada letra sola. Más adelante, te mostraremos cómo suena cada una de ellas cuando forman una palabra.

ALFABETO

A	B	C	D	E	F	G
Ei	Bi	Sí	Di	I	Ef	Yi
H	I	J	K	L	M	N
Eich	Ai	Yéi	Kéi	El	Em	En
O	P	Q	R	S	T	U
Ou	Pi	Kiú	Ar	Es	Ti	Iú
V	W	X	Y	Z		
Vi	Dóbliu	Eks	Uái	Zi		

Como te mencionamos anteriormente, no todas las letras suenan igual solas que cuando van acompañadas de otras para formar una palabra. A continuación, te mostraremos las posibilidades de sonido de cada una de las letras y te pondremos ejemplos para que te sea más fácil comprender su sonido y pronunciación.

A

Si en una palabra que no sea monosílaba la letra "A" va seguida de una "r", de las letras "lf", "lm", "lv", o "th", se pronunciara "a". Por ejemplo:

Palabra	Pronunciación	Significado
Alfred	Alfred	Alfredo
Balm	Bálm	Bálsamo
Cigarette	Cígarret	Cigarrillo
Father	Fáder	Padre
Salvation	Salvéishon	Salvación

Si encontramos la letra "a" en una monosílaba y no está seguida de las letras anteriores, su pronunciación será "ae" (entre la "a" y la "e"). Por ejemplo:

Palabra	Pronunciación	Significado
Bad	Baad	Malo
Mad	Msed	Enojado
Man	Maen	Hombre

Si la letra "a" se encuentra antes de una consonante y una "e" muda así como de la sílaba "ble", sonará "ei". Por ejemplo:

Palabra	Pronunciación	Significado
Blame	Bléim	Culpa
Cable	Kéibl	Cable
Cane	Kéin	Bastón
Table	Téibl	Mesa

Si la letra "a" está antes de una "r" y una "e" muda, se pronuncia "e". Por ejemplo:

Palabra	Pronunciación	Significado
Beware	Bigüer	Tener cuidado

Care	Ker	Cuidado
Dare	Der	Atreverse

Finalmente, por lo que respecta a la letra "a", ésta también puede sonar como "o", siempre y cuando después de ella encontremos "it", "ll" y "ls". Por ejemplo:

Palabra	*Pronunciación*	*Significado*
All	01	Todo
Also	Ólsou	También
Salt	Solt	Sal

B

Por lo que respecta a esta letra, siempre va a tener el mismo sonido y pronunciación. No importa con qué letras vaya acompañada al formar palabras. Por ejemplo:

Palabra	*Pronunciación*	*Significado*
Bay	Béi	Bahía
Black	Blák	Negro
Forbid	Forbid	Prohibir
Lobster	Lóbster	Langosta
Subway	Sóbuei	Subterráneo

C

Cuando nos encontramos a la letra "c" en alguna palabra del idioma inglés, sólo hay dos posibilidades de pronunciación. La primera, es que suene como "k", siempre y cuando esté antes de una V, "a", "l", "o", T y u". Por ejemplo:

Palabra	*Pronunciación*	*Significado*
Across	Akrós	A través
Actually	Áktuali	Actualmente

Bacon	Béikon	Tocino
Car	Kaer	Automóvil
Clutch	Klótch	Embrague
Cure	Kiur	Cura/Curación

La otra manera de pronunciar la "c" es como si fuera "s". Así sonará cuando vaya antes de una "y", "e" o una "i". Por ejemplo:

Palabra	*Pronunciación*	*Significado*
Century	Sénturi	Centuria/Siglo
Citizen	Sítizén	Ciudadano
Policy	Pólisi	Política

Al igual que en español, si encontramos una "h" después de la "c", la pronunciación será "ch". Por ejemplo:

Palabra	*Pronunciación*	*Significado*
Chair	Cheer	Silla
Church	Chérch	Iglesia

D

Esta letra, al igual que la "b", tiene un sonido único, y no importa qué letras acompañen a la "d", siempre sonará igual. Por ejemplo:

Palabra	*Pronunciación*	*Significado*
Cardinal	Cárdinal	Cardenal
Danger	Denyer	Peligro
Devil	Dévol	Diablo
Fade	Féid	Desvanecer
Need	Níd	Necesidad

E

La letra "e", muy común en cualquier palabra del idioma inglés, puede tener cuatro diferentes maneras de pronunciarse. Una de ellas es "o (entre "o" y "e"), siempre y cuando, al final de la palabra, esté antes de una "r". Por ejemplo:

Palabra	Pronunciación	Significado
Lawyer	Lóyoer	Abogado
Pitcher	Pítchoer	Lanzador

También se puede pronunciar como "i". Esto sucede si la "e" se encuentra al final de algún monosílabo. Por ejemplo:

Palabra	Pronunciación	Significado
See	Sí	Ver
Be	Bí	Ser / Estar

Si nos encontramos una "e" antes de una "r" y una "e" muda, se deberá pronunciar "ia". Por ejemplo:

Palabra	Pronunciación	Significado
Here	Jíar	Aquí
Mere	Miar	Sólo/Sencillo

De igual manera, esta letra puede pronunciarse como "e", siempre y cuando vaya antes de una o más consonantes, pero siempre en la misma sílaba. Por ejemplo:

Palabra	Pronunciación	Significado
Bed	Bed	Cama
Bet	Bét	Apuesta
Dead	Déd	Muerte
French	Frénch	Francés
Let	Lét	Dejar

Por último, la letra "e" puede también ser muda y carecer de sonido. Si la encontramos al final de una palabra monosílaba, no tendrá sonido alguno. Por ejemplo:

Palabra	Pronunciación	Significado
Blade	Bléid	Cuchilla
Face	Féis	Cara
Taste	Téist	Sabor

F

Al igual que la "b" y la "d", esta letra tiene un sonido y una pronunciación única. Así que si te encuentras con una a la hora de hablar inglés, pronunciala al igual que lo hacen en español. Por ejemplo:

Palabra	Pronunciación	Significado
Defect	Difékt	Defecto
Fame	Féim	Fama
Fire	Fáier	Fuego
Friday	Fráidei	Viernes
Rifle	Ráifl	Rifle

G

Por lo que respecta a la letra "g", podemos pronunciarla básicamente de dos maneras. La primera es darle un sonido como si fuera "y". Esto lo haremos siempre que la "g" esté antes de una "y", "e" o una "i", siempre y cuando no sigan a ésta "b", "d", "f", "l", "r" o una "v". Por ejemplo.

Palabra	Pronunciación	Significado
General	Yenerael	General
Gin	Yin	Ginebra
Gypsy	Yípsi	Gitana

Si la "g" está antes de una "i", y le sigue "b", "d", "f, "l", "r" o una "v", su pronunciación será "gu"; asimismo, si después de la "g" encontramos la vocales "a", "o", "u", la "g" sonará igual que el español. Por ejemplo:

Palabra	Pronunciación	Significado
Game	Güéim	Juego
Gíbet	Guíbet	Horca
Giddy	Guidi	Vertiginoso
Gift	Guift	Regalo
Gild	Guild	Dorar/Dar Brillo

Girl	Goerl	Niña
Give	Guiv	Dar
Gold	Gold	Oro
Gun	Gaen	Pistola

H

Generalmente, y salvo alguna excepciones muy específicas, la letra "h" en el idioma inglés siempre sonará como una "j". Por ejemplo:

Palabra	Pronunciación	Significado
Ahead	Ajéd	Adelante
Happy	Jápi	Feliz
He	Jí	Él
High	Jái	Alto
House	Jáus	Casa
Human	Jiúman	Humano

I

La letra "i" en el inglés tiene muy variadas pronunciaciones. Una de ellas es "oe" (entre "o" y "e"), siempre y cuando la "i" vaya seguida de la letra "r". Por ejemplo:

Palabra	Pronunciación	Significado
Bird	Berd	Pájaro
Girl	Goerl	Niña
Sir	Ser	Señor

Otra manera de pronunciar a la "i" es como suena en español. Debemos hacerlo así si la vemos en un polisílabo o monosílabo que terminen con una o más consonantes, y que no sean "gh" o "ght". Por ejemplo:

Palabra	Pronunciación	Significado
City	Siti	Ciudad
Guitar	Guitár	Guitarra

Milk	Milk	Leche
Prince	Príns	Príncipe

La letra "i" también puede pronunciarse como "ai", siempre y cuando a ésta le sigan una consonante y una "e" muda. También sonará así, si la palabra termina con "gh", "ght" o con "ind". Por ejemplo:

Palabra	Pronunciación	Significado
Fight	Fáit	Pelea
Fine	Fáin	Bien, Bello
High	Jái	Alto
Kind	Káind	Bondadoso
Mind	Máind	Mente
Rice	Ráis	Arroz

Otro tipo de pronunciación de la "i", muy parecido al anterior, es el de "aie". Sonará así cuando la letra "i" vaya seguida de una "r" y una "e" muda. Por ejemplo:

Palabra	Pronunciación	Significado
Fire	Fáier	Fuego
Hire	Jáipr	Alquiler
Tire	Táier	Llanta/Cansar

Finalmente, la "i" será completamente muda en algunas palabras como las siguientes:

Palabra	Pronunciación	Significado
Foreigner	Fórener	Extranjero
Friend	Frend	Amigo

J

La letra "j" en el idioma inglés, tiene la misma pronunciación que la "y" en español. Cuando la veas en cualquier palabra, pronúnciala como la "y" que conocemos y listo. Por ejemplo:

Palabra	Pronunciación	Significado
Jail	Yéil	Cárcel
Jealous	Yélas	Celoso
Job	Yob	Trabajo
Jump	Yomp	Saltar

K

La letra "k" en el idioma inglés tiene sólo dos maneras de pronunciarse. La primera, es como lo hacemos en español. Esto sucede siempre que después de la "k" encontremos una vocal o consonante que no sea "n". Por ejemplo:

Palabra	Pronunciación	Significado
Key	Ki	Llave
Kick	Kik	Patear
Kid	Kid	Muchacho
Kiss	Kis	Beso
Kitchen	Kichen	Cocina

Y cuando encontremos una "k" seguida de una "n", no tiene sonido alguno a la hora de pronunciarla. Por ejemplo:

Palabra	Pronunciación	Significado
Knee	Ni	Rodilla
Knife	Náif	Cuchillo
Knight	Náit	Caballero
Know	Nóu	Conocer, Saber

L, M, N

Estas tres letras, a la hora de pronunciarlas en el idioma inglés, tienen l mismo sonido que en español. Cuando te encuentres con cualquiera e ellas, pronúncialas igual que lo haces en español y no tendrás roblema alguno. Por ejemplo:

Palabra	Pronunciación	Significado
Lake	Léik	Lago
Land	Land	Tierra
Mile	Máil	Milla
Morning	Morning	Mañana
Never	Nevaer	Nunca
Nose	Nóus	Nariz

Cuatro son las formas de pronunciar correctamente la "o" en inglés. Una de ellas es hacerlo al igual que lo hacemos en español. Cuando la "o" esté al principio de una palabra y no le siga "ld"; también si está antes de una "r" que no tenga a continuación una "e" muda; o si aparecen dos "o" seguidas de una "r". Por ejemplo.

Palabra	Pronunciación	Significado
Door	Dor	Puerta
Floor	Flor	Piso
October	Oktober	Octubre
Odd	Od	Raro
Off	Of	Apagado
Office	Ofis	Oficina

Asimismo, la "o" puede pronunciarse como "u", siempre y cuando aparezcan dos "o" seguidas y no siga una "r", o al final de algunos monosílabos. Por ejemplo:

Palabra	Pronunciación	Significado
Cook	Kuk	Cocinar
Do	Du	Hacer
Look	Luk	Mirar
To	Tu	A, Hacia

Otra manera de pronunciar la "o", y una de las más complicadas (por lo que recomendamos mucha práctica) es como "oa". Así sonará siempre que vaya la "o" seguida de una "r" y una "e" muda. Por ejemplo:

Palabra	Pronunciación	Significado
Before	Bifóar	Antes
Encore	Enkóar	Repetición
More	Moar	Más

Por último, la "o" también se puede pronunciar como "ou", siendo la "u" de un sonido muy leve. Así lo deberás de hacer cuando se presente una "o" seguida de "ld" o si le sigue una consonante y una "e" muda. Por ejemplo:

Palabra	Pronunciación	Significado
Cold	Cóuld	Frío
Nose	Nóus	Nariz
Old	Óuld	Viejo
Rose	Róus	Rosa

Cuando encontremos la terminación "ous" en cualquier palabra, la pronunciación correcta será "a" cerrada. Es decir, pronunciar la "a" de manera suave al final. Este tipo de terminación es rara en inglés, pero la podemos encontrar en palabras como:

Palabra	Pronunciación	Significado
Jealous	Yélas	Celoso
Famous	Féimas	Famoso
Ridiculous	Ridíkiulas	Ridículo

P

La letra "p" dentro del idioma inglés, no representa dificultad alguna, pues su pronunciación es la misma que en español. Sin embargo, cuando la "p" le siga una "h", su pronunciación será la misma que la "f" en español. Por ejemplo:

Palabra	Pronunciación	Significado
Patrol	Pátroul	Patrulla
Person	Pserson	Persona

Pet	Pet	Mascota
Photograph	Fotograf	Fotografía
Phrase	Fréis	Frase
Phiysical	Físical	Físico
Telephone	Télefon	Teléfono

Q

Por lo que respecta a la letra "q", en el idioma inglés siempre sonará y se pronunciará como "ku". Por ejemplo:

Palabra	*Pronunciación*	*Significado*
Quality	Kuáliti	Calidad
Queen	Kuín	Reyna
Quick	Kuík	Rápido
Quit	Kuít	Renuncia
Quote	Kuóut	Citar

R, S

Estas dos letras en el idioma inglés se pronuncian igual que en e español. No obstante, debemos de cuidar que después de la "s" no vaya una "h", pues si esto es así, su pronunciación varía, y se debe decir como "ch", pero arrastrando la "c".

Para que entiendas mejor, el sonido que se produce es el mism sonido que hacemos con la boca al querer callar a una persona. Po ejemplo:

Palabra	*Pronunciación*	*Significado*
Rain	Réin	Lluvia
Ready	Rédi	Listo, Preparado
Rice	Ráis	Arroz
School	Skul	Escuela
Sea	Si	Mar
Seed	Sid	Semilla, Grano

Shoe	Shu	Zapato
Shout	Sháut	Grito
Shower	Sháuer	Baño, Ducha

T

Dentro del idioma inglés, la letra "t" puede tener cuatro variaciones con respecto a su pronunciación. La primera de ellas, es cuando encontramos una "t" antes de la terminación "ion" o "ience". La pronunciación correcta será "sh". Por ejemplo:

Palabra	*Pronunciación*	*Significado*
Colection	Kolékshon	Colección
Nation	Neishón	Nación
Patience	Pseshens	Paciencia

Cuando encontramos una "t" seguida de una "h", su pronunciación deberá ser como "zd". Para lograr este sonido, colocaremos la lengua en el borde de los dientes superiores (como si quisiéramos pronunciar la "z") y diremos "d". Por ejemplo:

Palabra	*Pronunciación*	*Significado*
Clothes	Klouzds	Ropas
The	Zdi/Zdse	El, La
Thing	Zding	Cosa

Si nos encontramos una letra "t" con la terminación "ure", y después de la "t" hay una vocal, la pronunciación correcta será "ch". Por ejemplo:

Palabra	*Pronunciación*	*Significado*
Furniture	Fernichuer	Mobiliario
Nature	Naichuer	Naturaleza
Picture	Píkchuer	Película, Pintura

Finalmente, cuando nos encontramos una "t" sin ninguna de las características anteriores, su sonido será el mismo que en español. Por ejemplo:

Palabra	Pronunciación	Significado
Tea	Ti	Té
Ticket	Tiket	Boleto
Tired	Táyerd	Cansado
Tomatoe	Toméito	Tomate

U

La letra "u" dentro del idioma inglés, tiene tres diferentes maneras de pronunciarse. La primera, es al igual que el español, siempre y cuando aparezca en monosílabos seguida de "l", "s", o "t". Por ejemplo:

Palabra	Pronunciación	Significado
Bull	Bul	Toro
Bus	Bus	Camión
Put	Put	Poner

Si nos encontramos con una "u" seguida de una o varias consonantes y que entre ellas formen una sílaba, entonces se pronunciará "oe". Por ejemplo:

Palabra	Pronunciación	Significado
Fun	Foen	Diversión
Gun	Goen	Arma
Sun	Soen	Sol
Turn	Toern	Vuelta

Por último, cuando estamos frente a una "u" al final de una sílaba acentuada o antes de una consonante y una "e" muda, la pronunciación correcta será "iú". Por ejemplo:

Palabra	Pronunciación	Significado
Cube	Kiúb	Cubo
Cupid	Kiúpid	Cupido
Mule	Miúl	Mula
Music	Miúsik	Música

V

Esta es otra de las letras que, dentro del idioma inglés, no representan mayor dificultad, pues su sonido y pronunciación son iguales que en español. Por ejemplo:

Palabra	Pronunciación	Significado
Vacancy	Veykanci	Vacante
Vacation	Vakéishon	Vacaciones
Velvet	Velvet	Terciopelo
Very	Veri	Muy, Mucho
View	Viú	Vista
Visit	Visit	Visita

W

Esta letra, muy común en el idioma inglés, tiene tres maneras de pronunciarse. La primera es como si se tratara de una "u", siempre y cuando le siga una vocal. Por ejemplo:

Palabra	Pronunciación	Significado
Awake	Auéik	Despertar
Power	Pauer	Poder
Way	Uéi	Camino
Win	Uín	Ganar

Y cuando nos encontramos con una "w" seguida de una "h", su pronunciación será "ju". Por ejemplo:

Palabra	Pronunciación	Significado
When	Juén	Cuándo
Where	Juér	Dónde
Who	Ju	Quién
Why	Juái	Por qué

Finalmente, si nos encontramos con una "w" seguida de una "r" al principio de dicción, será muda. No importa que se encuentren vocales junto a ellas. Por ejemplo:

Palabra	Pronunciación	Significado
Answer	Ánser	Respuesta
Sword	Sord	Espada
Write	Ráit	Escribir
Wrong	Rong	Error, equivocar

Y

La letra "y" en el idioma inglés puede tener tres tipos de pronunciación. Cuando la encontramos al principio de la palabra, suena exactamente igual que en español. Por ejemplo:

Palabra	Pronunciación	Significado
Year	Yíar	Año
Yellow	Yélou	Amarillo
Yesterday	Yésterdei	Ayer
Young	Yong	Jóven

Cuando encontramos una "y" al final de la dicción y no lleva el acento de la palabra, su pronunciación es "i". Por ejemplo:

Palabra	Pronunciación	Significado
Cowboy	Káuboi	Vaquero
Liberty	Liberti	Libertad
Nasty	Násti	Sucio
Very	Véri	Muy, Mucho

Y si vemos una "y" al final de una sílaba, y ésta va acentuada, su pronunciación será "ai". Por ejemplo:

Palabra	Pronunciación	Significado
By	Bái	Por
My	Mái	Mi
Style	Stáil	Estilo
Why	Uái	Por qué

Z

Finalmente llegamos a la "z". Esta letra, dentro del inglés, tiene un sonido similar al de la "z" en español. Para pronunciarla correctamente, debemos hacerlo como si fuera una "s" fuerte. Por ejemplo:

Palabra	Pronunciación	Significado
Zebra	Zibra	Zebra
Zodiac	Zódiak	Zodiaco

II. NUMERACIÓN

Una vez que hayas estudiado la pronunciación de cada una de las letras, así como las palabras que te pusimos de ejemplos, es conveniente que empieces a familiarizarte con los números.

Como bien lo sabes, la numeración es universal, es decir, no hay cambios en el sistema que llevamos en México, Estados Unidos, Centroamérica, Europa, Asia, etc. Por este motivo, te será muy sencillo aprender los números, así como pronunciarlos correctamente.

Número	Escritura (Inglés)	Pronunciación
1	One	Uán
2	Two	Tu
3	Three	Zdrí
4	Four	Fór
5	Five	Fáiv
6	Six	Six
7	Seven	Séven
8	Eight	Éit
9	Nine	Náin
10	Ten	Ten
11	Eleven	Iléven
12	Twelve	Tuélv

13	Thirteen	Zdoertín
14	Fourteen	Fortín
15	Fifteen	Fiftín
16	Sixteen	Sixtín
17	Seventeen	Seventin
18	Eighteen	Eitín
19	Ninteen	Naintín
20	Twenty	Tuénti
21	Twenty one	Tuénti uán
22	Twenty two	Tuénti tu
23	Twenty three	Tuénti zdrí
24	Twenty four	Tuénti fór
25	Twenty five	Tuénti fáiv
30	Thirty	Zdoérti
40	Forty	Fórti
50	Fifty	Fífti
60	Sixty	Síxti
102	One hundred and two	Uán joendred and tu
103	One hundred and three	Uán joendred and zdri
104	One hundred and four	Uán joendred and for
105	One hundred and five	Uán joendred and fáiv
110	One hundred and ten	Uán joendred and ten
120	One hundred and twenty	Uán joendred and tuénti
130	One hundred and thirty	Uán joendred and zdoérti
200	Two hundred	Tujoendred
300	Three hundred	Zdri joendred
400	Four hundred	Forjoendred
500	Five hundred	Fáiv joendred
1,000	A/One thousand	Ei/Uán zdáusand
2,000	Two thousand	Tu zdáusand
5,000	Five thousand	Fáiv zdáusand
10,000	Ten thousand	Ten zdáusand
100,000	A/One hundred thousand	Ei/Uán joendred zdáusand
500,000	Five hundred thousand	Fáiv joendred zdáusand
1,000,000	A/One million	Ei/One Milioen
5,000,000	Five Million	Fáiv Milioen

Lógicamente, en la tabla anterior sólo te hemos puesto los número
esenciales. A partir de ellos, puedes nombrar todos los que faltan. S

observas detenidamente los números en inglés, son similares a los del español. Por ejemplo, si deseas decir 2,546, fíjate como se forman cada uno de ellos y únelos:

2,000 = Two Thousand (Tu zdáusand) 500 = Five Hundred (Fáiv

joendred) 40 = Forty (fórti) 6 = Six (six)

2,546 = Two Thousand five hundred forty six (Tu zdáusand fáiv joendred fórti six)

III. ARTÍCULOS POSESIVOS EN INGLÉS

Como en cualquier idioma, dentro del inglés los artículos y adjetivos juegan un importante papel. El saber usarlos y pronunciarlos, es el inicio hacia un aprendizaje eficaz del idioma inglés. Dentro de esta lengua, podemos encontrar dos tipos de artículos: determinado e indeterminado. El artículo determinado en inglés es "the" (zdí/zda), y sirve para palabras en singular o plural, femeninas o masculinas. Se coloca inmediatamente antes de la palabra que corresponde a lo que nos queremos referir. En español, el "the" es el, la, los, las.

Para indicar quién es el dueño de algo, se agrega un apostrofe (') y una "s" al final del nombre de la persona. Por ejemplo: Los zapatos de Beto. La casa del Sr. Allen.

Beto's shoes (Beto´s shus)
Mr. Allen's house (Mister Alensy'aus)

También podemos expresar posesión con adjetivos posesivos. Por ejemplo:

Esta es mi falda.
This is my skirt. (Dis is mai skirt)
¿Cuál es tu coche?
Which is your car? (Güich is yur car)
Su (de él) traje es negro.

His suit is black, (Jis sut is blak)

Su (de ella) vestido es nuevo.

Her dress is new. (Jer dres is niu)

Su (de un animal) alimento es caro.

Its food is expensive, (Its fud is expensiv)

Nuestra casa es chica.

Our house is small, (Aur jaus is smol)

Su (de ustedes) trabajo es excelente.

Your work is excellent, (Yur uork is exelent)

Su (de ellos) hija tiene ojos verdes.

Their daughter has green eyes, (Der doter jas grin ais)

Inglés	Pronunciación	Significado
My	Mai	Mi
Your	Yur	Tu
His	Jis	Su (De Él)
Her	Jer	Su (De Ella)
Its	Its	Su (De Un Animal)
Our	Aur	Nuestro
Your	Yur	Su (De Ustedes)
Their	Zdeir	Su (De Ellos)

Otra manera de hacerlo es con pronombres posesivos. Por ejemplo:

¿De quién es este libro?

Whose book is this? (Jus buk is dis)

Es mío.

It's mine, (its main)

Es tuyo.

It's yours, (its yurs)

Es suyo (de él).

It's his. (its jis)

Es suyo (de ella).

It's hers, (its jers)

Es nuestro.

It's ours, (its aurs)

Es suyo (de ustedes).
It's yours, (its yurs)
Es suyo (de ellos).
It's theirs, (its deirs)

POSESIVOS

Inglés	Pronunciación	Significado
Mine	Máin	Mío(a)
Yours	Yoers	Tuyo(ya)
His	Jis	Suyo(ya) -de él-
Hers	Jers	Suyo(ya) -de ella-
Its	Its	Suyo(ya) -de ello, eso-
Ours	Aurs	Nuestro(a)
Yours	Yoers	De usted(es)
Theirs	Zdéars	Suyo -de ellos, ellas-

PARA PREGUNTAR

What	Juát	Qué
Who	Ju	Quién
Whose	Jus	De quién, cuyo,cuya
Which	Juich	Cuál(es)

Utilizando los artículos posesivos de las tablas anteriores podemos mpezar a armar oraciones con el vocabulario siguiente:

Ese es el sillon de mi papá
That is my father's armchaii
Dat is mai FADers armcher)

EL ARMARIO- THE CLOSET
(ZDE CLÓSET)

Español	Inglés	Pronunciación
Abrigo	Coat	Cóut
Billetera	Wallet	Uálet
Blusas	Blouses	Bláuses
Bolsos	Hand bags	Jand bags
Botas	Boots	Buts
Cajas	Boxes	Bókses
Camisas	Shirts	Shoerts
Cinturón	Belt	Belt
Corbatas	Neckties	Néktais
Faldas	Skirts	Skoerts
Gabardina	Raincoat	Réincout
Maletas	Bags	Bags
Pantalones	Pants	Pants
Pañuelos	Handkerchiefs	Jandkerchivs
Portafolio	Breafcase	Brifkéis
Ropa interior	Underwear	Onderuér
Sombrero	Hat	Jat
Sombrilla	Umbrella	Ombréla
Vestidos	Dresses	Dréses
Zapatos	Shoes	Shús

IV. VOCABULARIO BÁSICO

Bien, pues ahora que ya tienes una idea general de las letras números, artículos y posesivos, así como su pronunciación correcta debes empezar a adquirir un vocabulario poco a poco para hacer má grande tu conocimiento del idioma inglés.

Sin embargo, te recomendamos que sigas repasando el primer capítul del libro sobre la pronunciación de letras y números, pues mientras má lo practiques, te será más fácil seguir adelante.

A continuación, te presentaremos varios listados de palabras comunes que te serán de enorme utilidad para empezar a formar frases. No trates de memorizarlas todas inmediatamente, pues eso, además de causarte un enorme dolor de cabeza, sólo hará que te canses y dejes de interesarte en el idioma. No creas que esto es de un día para otro, ni empieces a desesperarte. Si vas poco a poco, dando pasos firmes, verás que pronto lograrás entablar una conversación en inglés.

PERSONAS

Palabra (Inglés)	Pronunciación	Significado
Assistant	Asístent	Ayudante
Aunt	Aont	Tía
Boss	Bos	Jefe
Boy	Bói	Niño
Brother	Bróder	Hermano
Brother in law	Broder in ló	Cuñado
Butcher	Bûcher	Carnicero
Cook	Kuk	Cocinero
Cousin	Cósin	Primo
Daughter	Dórer	Hija
Doctor	Doctor	Doctor
Driver	Dráiver	Chofer
Examiner	Eksáminer	Examinador
Father	Fáder	Padre
Father in law	Fáder in ló	Suegro
Fireman	Fáiermsen	Bombero
Friend	Frend	Amigo
Girl	Goerl	Niña
God	Gad	Dios
God-father	Gad-fáder	Padrino
God-son/God-daughter	Gad-son/Gad-dórer	Ahijado/Ahijada
Grandfather	Grasn fáder	Abuelo
Grandmother	Graenmóder	Abuela

Grandparents	Grasnpárents	Abuelos
He	Ji	Él
Husband	Jassband	Esposo
I	Ái	Yo
It	It	El, la (cosas, animales)
Lawyer	Lóyoer	Abogado
Man	Maen	Hombre
Mother	Móder	Madre
Mother in law	Móder in ló	Suegra
Name	Néim	Nombre
Nephew	Néfiu	Sobrino
Nurse	Nasrs	Enfermera
Officer	Ofiser	Oficial
Parents	Párents	Padres
Policeman	Poiísman	Policía
Postman	Poustmasn	Cartero
Priest	Prist	Cura, sacerdote
Secretary	Secretaeri	Secretaria
She	Shí	Ella
Sister	Sister	Hermana
Sister in law	Sister in ló	Cuñada

LOS OFICIOS - THE OCCUPATIONS (ZDÍ OKIUPÁISHONS)

Español	Inglés	Pronunciación
Abogado	Lawyer	Loyer
Actor	Actor	Áctor
Actriz	Actress	Áctres
Ingeniero	Engineer	Ényinir
Joyero	Jeweller	Yuéloer
Juez	Judge	Yódch
Lechero	Milkman	Milkman

Maestro	Teacher	Tícher
Mago	Magician	Mayíshian
Ministro	Minister	Minister
Músico	Musician	Miusíshan
Payaso	Clown	Cláun
Peluquero	Hairdresser	Jérdreser
Pintor	Painter	Péinter
Policía	Policeman, cop	Polísmsen, caop
Presidente	President	Président
Princesa	Princess	Prínses
Príncipe	Prince	Príns
Procurador	Attorney	Atuérni
Profesor	Professor	Profésor
Químico	Chemist	Kémist
Reina	Queen	Kuín
Rey	King	King
Sastre	Tailor	Téilor
Zapatero	Shoemaker	Shúmeiker

LA CASA - THE HOUSE (ZDAE JÁUS)

Español	Inglés	Pronunciación
Alfombra	Carpet	Carpet
Árbol	Tree	Tri
Automóvil	Car	Car
Baño	Bathroom	Bazdriim
Buzón	Mailbox	Méilbox
Casa	House	Jáus
Cenicero	Ashtray	Ashtréi

Cesto	Basket	Básket
Chimenea	Chimney	Chímni
Cigarrillo	Cigarette	Cigarrét
Cochera	Garage	Garásh
Cocina	Kitchen	Kitchen
Cojines	Cushions	Cúshons
Comedor	Dinning room	Dáining rum
Cortinas	Drapes	Dréips
Cuarto de lavado	Laundry room	Lóndri rum
Entrada de autos	Driveway	Dráivuei
Flores	Flowers	Fláuers
Gato	Cat	Cat
Interruptor de la luz	Light switch	Láit suích
Jardín	Garden	Gárden
Lámpara	Lamp	Lamp
Mesa de centro	Coffe table	Cófi téibol
Pájaro	Bird	Berd
Patio trasero	Backyard	Bakyard
Pecera	Fish tank	Fish tank
Perro	Dog	Dog
Persianas	Blinds	Bláinds
Pez	Fish	Fish
Pipa	Pipe	Páip
Piscina	Pool	Pul
Planta	Plant	Plant
Pórtico	Porshe	Pórsh
Puerta	Door	Dor
Recámara	Bedroom	Bedrúm
Sala	Living room	Living rum
Sofá	Sofa	Sóufa
Techo (exterior)	Roof	Ruf

Techo (interior)	Ceiling	Siling
Ventana	Window	Uindou

LA RECÁMARA Y EL BAÑO - THE BEDROOM AND THE BATHROOM (ZDAE BÉDRUM END ZDSE BÁZDRUM)

Español	*Inglés*	*Pronunciación*
Alfombra	Rug	Róg
Almohada	Pillow	Pílou
Armario	Closet	Clóset
Bocina	Speaker	Spíker
Brillo (maquillaje)	Gloss	Glos
Cama	Bed	Bed
Cepillo	Brush	Brosh
Cepillo de dientes	Tooth brush	Tud brosh
Librero	Book case	Buk kéis
Mesa de noche	Night table	Náigt téibol
Navaja	Razor	Réisor
Pantuflas	Slippers	Slípers
Pasta de dientes	Tooth paste	Tud péist
Peine	Comb	Comb
Perfume	Perfume	Perfíúm
Polvo de maquillaje	Face powder	Féis páuder
Radio	Radio	Réidio
Ropa	Clothes	Clóuds
Sábana	Sheet	Shít
Secadora de pelo	Hair dryer	Jer dráier
Silla	Chair	Cher
Teléfono	Telephone	Télefoun
Televisor	T.V. Set	Ti vi set
Tina	Bathtub	Bádtob
Toalla	Towel	Táuel
Video grabadora	V.C.R.	Vi si ar

Cortina	Curtain	Koertein
Crema de afeitar	Shaving cream	Shéiving crím
Desodorante	Deodorant	Diódorent
Ducha	Shower	Sháuer
Espejo	Mirror	Mirror
Fijador de pelo	Hair spray	Jer spréi
Frazada	Blanket	Blánket
Inodoro	Toilet	Tóilet
Jabón	Soap	Sóup
Lápiz labial	Lipstick	Lípstik

COSAS COTIDIANAS

Palabra (Inglés)	Pronunciación	Significado
Backyard	Bákyard	Patio trasero
Bathroom	Bádrum	Baño
Beans	Bins	Frijoles
Bed	Bed	Cama
Bedroom	Bedrum	Recámara, habitación
Blanket	Blánket	Frazada
Book	Buk	Libro
Breakfast	Bréikfast	Desayuno, almuerzo
Cat	Kat	Gato
Chair	Chér	Silla

Recuerda que la finalidad de este vocabulario es permitirte comenrzar a dar tus primero pasos en la formación de oraciones, así que debes aprende la mayor cantidad de palabras y practicar.

Clock	Clok	Reloj de pared
Coffe	Cófi	Café
Computer	Compiúrer	Computadora
Dining room	Dáinin rum	Comedor
Dinner	Diner	Comida, cena
Dog	Dog	Perro

Fish	Fish	Pescado
Flower	Fláuer	Flor
Fork	Fork	Tenedor
Kitchen	Kichen	Cocina
Lamp	Lámp	Lámpara
Meat	Mit	Carne
Milk	Milk	Leche
Mirror	Mirroer	Espejo
Notebook	Noutbuk	Cuaderno
Office	Ófis	Oficina
Pants	Pánts	Pantalones
Paper	Péiper	Papel
Pen	Pen	Pluma
Pencil	Pénsil	Lápiz
Pilow	Pilou	Almohada
Rice	Ráis	Arroz
Ring	Ring	Anillo
Shirt	Shert	Camisa
Shoe	Shú	Zapato
Skirt	Skoert	Falda
Sox	Sóks	Calcetín, calceta
Spoon	Spún	Cuchara
Stove	Stóuv	Estufa
Sugar	Shúgar	Azúcar
Supper	Sóper	Cena
Table	Téibol	Mesa
Tree	Tri	Árbol
Underware	Óndergüer	Ropa interior
Watch	Uách	Reloj de pulsera

Te recomendamos tener siempre a la mano un diccionario inglésespañol, pues de esta manera, irás aprendiendo palabras que no están en este libro. Aquí, sólo encontrarás palabras comunes y cotidianas que te ayudarán a entablar una conversación correctamente. Si buscas una palabra específica de un tema en particular, lo mejor es buscarla en el diccionario.

Tu esposo	Your husband	Yur jaesband
Tus abogados	Your lawyers	Yur loyers
(Él) Su Dios	His God	Jis Gad
(Él) Sus cuadernos	His notebooks	Jis nóutbuks
(Ella) Su ropa interior	Her underware	Jer óndergüer
(Ella) Sus plumas	Her pens	Jer pens
(Usted) Su almohada	Your pilow	Yur pilou
(Ustedes) Sus pantalones	Your pants	Yur pants
Nuestro padrino	Our God-father	Aur Gad-fáder
Nuestra madrina	Our God-mother	Aur Gad-móder
Nuestros amigos	Our friends	Aur frasnds
Nuestras frazadas	Our blankets	Aur blánkets
Vuestro padre	Your father	Yur fáder
Vuestra madre	Your mother	Yur móder
Vuestros abuelos	Your grandparents	graenpárents
Vuestras asistentes	Your assistants	Yur asistents
(Ellos) Su Doctor	Their doctor	Zdéaer doctor
(Ellos) Sus anillos	Their rings	Zdéasr rings

IV. SINGULAR Y PLURAL

En español, cuando queremos referirnos a algo en plural o singula generalmente sólo agregamos o quitamos una "s" y listo. En el inglé también se puede hacer esto en algunas palabras. Sin embargo, h reglas para hacer plural algo singular.

Si nos encontramos con palabras en singular que tengan la terminación "ch", "sh", "s" y "x", para convertirlas en plural lo único que debemos hacer es agregarles la terminación "es". Por ejemplo:

Español	Inglés Singular	Pronunciación	Inglés plural	Pronunciación
Arbusto	Bush	Bush	Bushes	Búshes
Iglesia	Church	Choerch	Churches	Choerches
Impuesto	Tax	Taks	Taxes	Takses
Vestido	Dress	Droes	Dresses	Droeses

Si la palabra que queremos pasar a plural termina en "y" y tiene antes una consonante, lo que debemos hacer es cambiar la "y" por una "i", y finalizarla con "es". Por ejemplo:

Español	Inglés Singular	Pronunciación	Inglés plural	Pronunciación
Bebé	Baby	Béibi	Babies	Béibis
Copia	Copy	Kópi	Copies	Kópi s
Dama	Lady	Léidi	Ladies	Léidis
Dulce	Candy	Kandi	Candies	Kandis
Mosca	Fly	Flái	Flies	Fiáis

También, cuando nos topamos con palabras singulares que terminan en "fe" o en "f", para hacerlas plurales, debemos cambiar esa terminación por "ves". Por ejemplo:

Español	Inglés Singular	Pronunciación	Inglés plural	Pronunciación
Cuchillo	Knife	Náif	Knives	Náivs
Esposa	Wife	Uáif	Wives	Uáivs
Hoja	Leaf	Líf	Leaves	Lívs
Vida	Life	Láif	Lives	Láivs

Asimismo, en el idioma inglés podemos encontrarnos con palabras singulares que, cuando se convierten en plurales, lo hacen de una manera muy irregular. Algunos ejemplos muy comunes de ello son los siguientes:

Español	Inglés Singular	Pronunciación	Inglés Plural	Pronunciación
Buey	Ox	Oks	Oxen	Óksn
Diente	Tooth	Túd .	Teeth	Tíd
Hombre	Man	Inaen	Men	Men
Mujer	Woman	Uómasn	Women	Uímen
Niño	Child	Cháild	Children	Children
Padre	Father	Fáder	Parents	Pároents
Pie	Foot	Fût	Feet	Fit
Ratón	Mouse	Máus	Mice	Màis

Y si ves alguna palabra que no entre en cualquiera de las categorías anteriores, lo único que debes hacer para convertirlas en plural es agregarles una "s". Por ejemplo:

Español	Inglés	Pronunciación	Inglés Plural	Pronunciación
Amigo	Friend	Froend	Friends	Froends
Árbol	Tree	Trí	Trees	Tris
Automóvil	Car	Kár	Cars	Kárs
Cama	Bed	Béd	Beds	Béds
Doctor	Doctor	Doctor	Doctors	Doctors
Gato	Cat	Kat	Cats	Kats
Hermano	Brother	Bróder	Brothers	Bróders
Lámpara	Lamp	Lámp	Lamps	Lámps
Libro	Book	Búk	Books	Búks
Perro	Dog	Dóg	Dogs	Dógs

Pluma	Pen	Pén	Pèns	Péns
Puerta	Door	Dor	Doors	Dors
Silla	Chair	Chér	Chairs	Chérs
Tenedor	Fork	Fórk	Forks	Fórks
Zapato	Shoe	Shú	Shoes	Shús

V. PREPOSICIONES BÁSICAS

Dentro de cualquier idioma, las preposiciones son fundamentales para formar frases. Dentro del idioma inglés, podemos encontrarnos con varias de ellas. A continuación, te presentaremos las más comunes dentro de este idioma.

Preposición	Pronunciación	Significado
At	At	En, a
In	In	En
On	On	Encima de, sobre
To	Tú	A, hacia
From	Fróm	De, desde, procedente de
Under	Ónder	Abajo, debajo
Behind	Bijáind	Detrás, atrás
Within	Uidín	Dentro
Around	Araund	Alrededor de
Over	Óver	Encima
Far	Far	Lejos

PREPOSICIÓN (INGLÉS)
(PRONUNCIACIÓN SIGNIFICADO)

Para saber en qué momento utilizar cada una de las anteriores preposiciones, debemos estar muy atentos a lo que en verdad queremos decir, pues muchas ocasiones, diferentes palabras se pueden traducir al español de la misma manera, pero tienen una diferencia muy grande en cuanto a lo que deseamos comunicar.

Por ejemplo, si queremos referirnos a un lugar u hora específica, debemos utilizar el "at". Si nuestra intención es manifestar algo que se encuentra dentro de algo, utilicemos el "in". Ambas preposiciones tiene el mismo significado en español, pero en inglés son muy diferentes.

La preposición "on" se usa cuando queremos referirnos a una cosa o persona que se encuentra sobre o encima de algo. Para usar correctamente "to", debemos mencionarla al querer indicar un lugar al cual nos dirigimos.

Por lo que toca a "around" no hay mayor problema, pues no tiene similar con ninguna otra preposición. Pero cuando utilicemos "from", debemos tener en cuenta que se trata de algo o alguien que procede o viene desde algún lugar o de alguien.

Algunos ejemplos de cómo utilizar las preposiciones anteriores echando mano de todo lo que hemos visto hasta ahora, pueden ser los siguientes:

Frase en inglés	Pronunciación	Traducción
At your house	At yúr jáus	En tu casa
At eleven	At iléven	A las once
In your work	In yúr uórk	En tu trabajo
In Mexico	In Méksicou	En México
On my chair	On mái chér	Sobre/encima de mi silla
On the table	On zds téibol	Sobre/encima de la mesa
To their office	Tú zdéaer ófis	A/hacia su oficina
To her doctor	Tú jer doctor	A/hacia su doctor
Around the clock	Aeraund zdas klok	Alrededor del reloj
Around his sister	Aeraund jis sister	Alrededor de su herman

From our grandfather	From áuer grandfáder	De nuestro abuelo
From your brother	From yúr bróder	De tu hermano

VI. PRONOMBRES

Antes de entrar a los verbos, es importante que aprendas bien cuáles son los pronombres que utilizarás para formar frases más complejas que as vistas anteriormente. Trata de memorizar bien cada uno de ellos, pues te serán indispensables a la hora de entablar una conversación.

Obviamente, la pronunciación de los pronombres también es importante, así que debes practicarla, al igual que todas las palabras, letras y números vistos hasta aquí, en voz alta. Puedes hacer uso de una grabadora para que escuches tus aciertos y errores.

Los pronombres básicos en inglés son los siguientes:

PERSONALES

Los de la primera lista son sujetos y se usan antes del verbo. Los de la segunda lista se usan después del verbo o de una preposición.

Inglés	Pronunciación	Significado
I	Ái	Yo
You	Yu	Tú
He	Ji	Él
She	Shi	Ella
ft	It	Ello, eso (cosa)
We	Uí	Nosotros(as)
You	Yu	Usted(es)
They	Zdéi	Ellos(as)
Me	Mi	Me, a mí
You	Yu	Te, a ti
Him	Jim	Le, a él
Her	Jer	La, a ella
It	It	Le(a), a ello (eso)

Us	As	Nos, a nosotros(as)
You	Yu	Le(s), a usted(es)
Tliem	Zdem	Les, a ellos(as)

VII- LOS VERBOS

Dentro del idioma inglés, al igual que en las demás lenguas, existen miles de verbos que son utilizados cotidianamente para expresar cambios, movimientos, acciones o alteraciones de las cosas o personas con respecto a lo que los rodea.

Básicamente, existen dos tipos de verbos en inglés: regulares e irregulares. Los verbos regulares, a la hora de pasarlos a otro tiempo (pasado o participio), lo único que se hace es agregarles la terminación "ed". Cuando encontremos un verbo que termine en "e", sólo agregaremos la "d" y listo. Si el verbo termina en "y" precedida de una consonante, quitaremos esta y pondremos "ied".

Así pues, con excepción de la tercera persona del singular en presente, el verbo se escribirá igual para todas las demás personas en cualquier tiempo.

Los verbos irregulares por su parte, tienen una manera muy diferente de escribirse en presente, pasado o participio; aunque hay ocasiones en que el pasado y el participio es el mismo. Es muy importante tratar de memorizar cuáles son los verbos regulares e irregulares, pues si no se hace esto, se cometerán muchos errores a la hora de transportarlo a otro tiempo.

V como es prácticamente imposible memorizar cada uno de los verbos en inglés, a continuación te presentamos un listado de los más comunes para que acudas a ellos cuando los necesites. No obstante, sí será necesario que trates de aprenderte los más comunes, ya sea regulares o irregulares.

En esta lista, encontrarás presente, pasado y participio de cada uno de los verbos más utilizados por los norteamericanos. Abajo de cada uno de ellos, podrás ver la pronunciación correcta.

VERBOS REGULARES

Verbo	Presente	Pasado	Participio
(Español)	*(Inglés)*	*(Inglés)*	*(Inglés)*
Abastecer	To supply	Supplied	Supplied
pronunciación	Tu suplái	Supláid	Supláid
Abrir	To open	Opened	Opened
pronunciación	Tu ópen	Ópend	Ópend
Aceptar	To accept	Accepted	Accepted
pronunciación	Tu áksept	Aksépted	Aksépted
Acordar, estar de acuerdo	To agree	Agreed	Agreed
pronunciación	Tu agrí	Agríd	Agríd
Adelantar, superar	To improve	Improved	Improved
pronunciación	Tu imprúfv	Imprúfd	Imprúv
Agradecer	To thank	Thanked	Thanked
pronunciación	Tu zdenk	Zdénkd	Zdénkd
Agregar, sumar	To add	Added	Added
pronunciación	Tu ad	Áded	Áded
Aj ustar	To fit	Fited	Fited
pronunciación	Tu fit	Fíted	Fíted

Verbo	Presente	Pasado	Participio
(Español)	**(Inglés)**	**(Inglés)**	**(Inglés)**
Amar	To love	loved	loved
pronunciación	Tu lóv	lóvd	lóvd
Amueblar	To furnish	furnished	furnished
pronunciación	Tu furnish	fúrnishd	fúrnishd
Anunciar	To announce	announced	announced
pronunciación	Tu anáuns	anáunsd	anáunsd
Apilar	To pile	piled	piled
pronunciación	Tu payl	payld	payld
Aplaudir	To clap	claped	claped
pronunciación	Tu clap	clapd	clapd
Aplicar	To aply	aplied	aplied
pronunciación	Tu aplai	aplaid	aplaid
Apoyar, sostener	To support	supported	supported
pronunciación	Tu suport	suported	suported
Aprender	To learn	learned	learned
pronunciación	Tu loern	loernd	loernd
Apresurar	To hurry	hurried	hurried
pronunciación	Tu joerri	joerrid	joerrid
Arreglar	To fix	fixed	fixed
pronunciación	Tu fiks	fiksd	fiksd

Verbo	Presente	Pasado	Participio
(Español)	(Inglés)	(Inglés)	(Inglés)
Asistir	To assist	assisted	assisted
pronunciación	Tu asist	asisted	asisted
Aumentar	To increase	increased	increased
pronunciación	Tu incris	incrisd	incrisd
Avanzar	To advance	advanced	advanced advensd
pronunciación	Tu advens	advensd	
Ayudar	To help	helped	helped
pronunciación	Tu jelp	jelpd	jelpd
Brincar	To jump	jumped	jumped
pronunciación	Tu yomp	yompd	yompd
Cambiar	To change	changed	changed
pronunciación	Tu cheinll	cheinlld	cheinlld
Caminar	To walk	walked	walked
pronunciación	Tu uok	uokd	uokd
Cargar	To carry	carried	carried
pronunciación	Tu kasrri	kaerrid	kaerrid
Cargar	To load	loaded	loaded
pronunciación	Tu loud	louded	louded
Cazar	To hunt	hunted	hunted
pronunciación	Tu jont	jonted	jonted

Verbo	Presente	Pasado	Participio
(Español)	(Inglés)	(Inglés)	(Inglés)
Cepillar	To brush	Brushed	Brushed
pronunciación	Tu brosh	Broshd	Broshd
Cerrar	To close	Closed	Closed
pronunciación	To klous	Klousd	Klousd
Colectar, juntar	To collect	Collected	Collected
pronunciación	Tu colect	Colected	Colected
Colocar	To place	Placed	Placed
pronunciación	Tu pleis	Pleisd	Pleisd
Comparar	To compare	Compared	Compared
pronunciación	Tu compear	Compeard	Compeard
Compartir	To share	Shared	Shared
pronunciación	Tu sher	Sherd	Sherd
Completar	To complete	Completed	Completed
pronunciación	Tu complit	Complited	Complited
Comprar	To purchase	Purchased	Purchased
pronunciación	Tu poerchais	Poerchäisd	Poerchäisd
Comprar	To shop	Shoped	Shoped
pronunciación	Tu shop	Shopd	Shopd
Conectar	To connect	Connected	Connected
pronunciación	Tu conect	Conected	Conected

Verbo	Presente	Pasado	Participio
(Español)	(Inglés)	(Inglés)	(Inglés)
Contener	To contain	Contained	Contained
pronunciación	Tu contein	Conteind	Conteind
Contestar	To answer	Answered	Answered
pronunciación	Tu anser	Änserd	Änserd
Contestar	To reply	Replied	Replied
pronunciación	Tu riplai	Ripläid	Ripläid
Continuar	To continue	Continued	Continued
pronunciación	Tu continiu	Continiud	Continiud
Controlar	To control	Controled	Controled
pronunciación	Tu kontroul	Kontrould	Kontrould
Corregir	To correct	Corrected	Corrected
pronunciación	Tu korrekt	Korrekted	Korrekted
Crear	To create	Created	Created
pronunciación	Tu krieit	Krieited	Krieited
Creer	To believe	Believed	Believed
pronunciación	Tu biliv	Bilivd	Bilivd
Cruzar	To cross	Crossed	Crossed
pronunciación	Tu kros	Krosd	Krosd
Cubrir	To cover	Covered	Covered
pronunciación	Tu kovr	Kovrd	Kovrd

Verbo	Presente	Pasado	Participio
(Español)	*(Inglés)*	*(Inglés)*	*(Inglés)*
Darse cuenta	To realize	Realized	Realized
Pronunciación	Tu rialais	Rialaisd	Rialaisd
Decidir	To decide	Decided	Decided
Pronunciación	Tu disaid	Disaided	Disaided
Dejar caer	To drop	Droped	Droped
Pronunciación	Tu drop	Dropd	Dropd
Demandar	To demand	Demanded	Demanded
Pronunciación	Tu dimaend	Dimasnded	Dimanded
Desaparecer	To dissapear	Dissapeared	Dissapeared
Pronunciación	Tu disapir	Disapird	Disapird
Descubrir	To discover	Discovered	Discovered
Pronunciación	Tu discovr	Discovrd	Discovrd
Desear	To wish	Wished	Wished
Pronunciación	Tu uish	Uishd	Uishd
Desperdiciar	To waste	Wasted	Wasted .
Pronunciación	Tu ueist	Ueisted	Ueisted
Despertar	To awaken	Awakened	Awakened
Pronunciación	Tu aueiken	Aueikend	Aueikend
Destruir	To destroy	Destroyed	Destroyed
Pronunciación	Tu distroi	Distroid	Distroid

Verbo	Presente	Pasado	Participio
(Español)	*(Inglés)*	*(Inglés)*	*(Inglés)*
Detener	To stop	Stoped	Stoped
Pronunciación	Tu stop	Stopd	Stopd
Disfrutar	To enjoy	Enjoyed	Enjoyed
Pronunciación	Tu enyoi	Enyoid	Enyoid
Duplicar	To double	Doubled	Doubled
Pronunciación	To dobl	Dobld	Dobld
Ejercitar	To exercise	Exercised	Exercised
Pronunciación	Tu eksersais	Eksersaisd	Eksersaisd
Empezar	To start	Started	Started
Pronunciación	Tu start	Started	Started
Emplear	To employ	Employed	Employed
Pronunciación	Tu emploi	Emploid	Emploid
Empujar	To push	Pushed	Pushed
Pronunciación	Tu push	Pushd	Pushd
Encontrar	To found	Founded	Founded
Pronunciación	Tu faund	Faunded	Faunded
Enseñar	To show	Showed	Showed
Pronunciación	Tu shou	Shoud	Shoud
Escoger, tomar	To pick	Picked	Picked
Pronunciación	Tu pik	Pikd	Pikd

Verbo	Presente	Pasado	Participio
(Español)	(Inglés)	(Inglés)	(Inglés)
Escuchar	To listen	Listened	Listened
Pronunciación	To lisen	Hsend	Lisend
Esperar	To wait	Waited	Waited
Pronunciación	To ueit	Ueited	Ueited
Esperar, desear	To hope	Hoped	Hoped
Pronunciación	Tu joup	Joupd	Joupd
Establecerse	To establish	Established	Established
Pronunciación	Tu establish	Estäblishd	Estäblishd
Estar, quedarse	To stay	Stayed	Stayed
Pronunciación	Tu stei	Steid	Steid
Estudiar	To study	Studied	Studied
Pronunciación	Tu stoedi	Stoedid	Stoedid
Exportar	To export	Exported	Exported
Pronunciación	Tu eksport	Ekspörted	Ekspörted
Expresar	To express	Expressed	Expressed
Pronunciación	Tu ekspres	Ekspresd	Ekspresd
Extender	To extend	Extended	Extended
Pronunciación	Tu ekstend	Ekstended	Ekstended
Finalizar	To finish	Finished	Finished
Pronunciación	Tu finish	Finishd	Finishd

Verbo	Presente	Pasado	Participio
(Español)	*(Inglés)*	*(Inglés)*	*(Inglés)*
Formar	To form	Formed	Formed
Pronunciación	Tu form	Formd	Formd
Forzar	To force	Forced	Forced
Pronunciación	Tu fors	Forsd	Forsd
Ganar	To earn	Earned	Earned
Pronunciación	Tu ern	Ernd	Ernd
Gobernar	To govern	Governed	Governed
Pronunciación	Tu govoern	Govoernd	Govoernd
Gritar	To shout	Shouted	Shouted
Pronunciación	Tu shaut	Shäuted	Shäuted
Gustar	To like	Liked	Liked
Pronunciación	Tu laik	Läikd	Läikd
Hablar	To talk	Talked	Talked
Pronunciación	Tu tok	Tokd	Tokd
Importar	To import	Imported	Imported
Pronunciación	Tu import	Imported	Imported
Imprimir	To print	Printed	Printed
Pronunciación	Tu print	Printed	Printed
Indicar	To indicate	indicated	indicated
Pronunciación	Tu indikeit	indikeited	indikeited

Verbo	Presente	Pasado	Participio
(Español)	(Inglés)	(Inglés)	(Inglés)
Influenciar	To influence	Influenced	Influenced
Pronunciación	Tu influens	Influensd	Influensd
Informar	To inform	Informed	Informed
Pronunciación	Tu inform	Informd	Informd
Insistir	To insist	Insisted	Insisted
Pronunciación	Tu insist	Insisted	Insisted
Inspirar	To inspire	Inspired	Inspired
Pronunciación	Tu inspair	Inspaird	Inspaird
Intentar	To try	Tried	Tried
Pronunciación	Tu trai	Traid	Traid
Invitar	To invite	Invited	Invited
Pronunciación	Tu invait	Invaited	Invaited
Jalar	To pull	Pulled	Pulled
Pronunciación	Tu pul	Puld	Puld
Jugar	To play	Played	Played
Pronunciación	Tu plei	Pleid	Pleid
Ladrar	To bark	Barked	Barked
Pronunciación	Tu bark	Barkd	Barkd
Lavar	To wash	Washed	Washed
Pronunciación	Tu uash	Uashd	Uashd

Verbo	Presente	Pasado	Participio
(Español)	(Inglés)	(Inglés)	(Inglés)
Liberar	To free	Freed	Freed
Pronunciación	Tu fri	Frid	Frid
Limpiar	To clean	Cleaned	Cleaned
Pronunciación	Tu clin	Clind	Clind
Limitar	To limit	Limited	Limited
Pronunciación	Tu limit	Limited	Limited
Llamar	To call	Called	Called
Pronunciación	Tu kol	Kold	Kold
Llegar	To arrive	Arrived	Arrived
Pronunciación	Tu arrâiv	Arraivd	Arraivd
Llenar	To flll	Filled	Filled
Pronunciación	Tu fil	Fild	Fild
Llover	To rain	Rained	Rained
Pronunciación	Tu réin	Reind	Reind
Manejar, adeministrar	To manage	Managed	Managed
Pronunciación	Tu maenesh	Masneshd	Masneshd
Matar	To kill	Killed	Killed
Pronunciación	Tu kil	Kild	Kild
Mencionar	To mention	Mentioned	Mentioned
Pronunciación	Tu ménshon	Menshond	Menshond

Verbo	Presente	Pasado	Participio
(Español)	*(Inglés)*	*(Inglés)*	*(Inglés)*
Mezclar	To mix	Mixed	Mixed
Pronunciación	Tu miks	Miksd	Miksd
Mirar	To look	Looked	Looked
Pronunciación	Tu luk	Lukd	Lukd
Mojar	To wet	Wetted	Wetted
Pronunciación	Tu uét	Uetd	Uetd
Morir	To die	Died	Died
Pronunciación	To dâi	Daid	Daid
Necesitar	To need	Needed	Needed
Pronunciación	Tu nid	Nided	Nided
Nombrar	To name	Named	Named
Pronunciación	Tu néim	Neimed	Naimed
Notar	To notice	Noticed	Noticed
Pronunciación	Tu nôutis	Noutisd	Noutisd
Observar	To observe	Observed	Observed
Pronunciación	Tu obsoerv	Obsoervd	Obsoervd
Observar	To watch	Watched	Watched
Pronunciación	Tu uàch	Uachd	Uachd
Obtener	To obtain	Obtained	Obtained
Pronunciación	Tu obtéin	Obteind	Obteind

Verbo	Presente	Pasado	Participio
(Español)	(Inglés)	(Inglés)	(Inglés)
Oler	To sniff	Sniffed	Sniffed
Pronunciación	Tu snif	Snifd	Snifd
Orar, rezar	To pray	Prayed	Prayed
Pronunciación	Tu préi	Preid	Preid
Ordenar	To order	Ordered	Ordered
Pronunciación	Tu order	Orderd	Orderd
Organizar	To organize	Organized	Organized
Pronunciación	Tu organàis	Organaisd	Organaisd
Parecer	To seem	Seemed	Seemed
Pronunciación	Tu sim	Simd	Simd
Pasar	To pass	Passed	Passed
Pronunciación	Tu pas	Pasd	Pasd
Perdonar	To pardon	Pardoned	Pardoned
Pronunciación	Tu pardon	Pardond	Pardond
Perdonar, excusar	To excuse	Excused	Excused
Pronunciación	Tu eskius	Eskiusd	Eskiusd
Permanecer, quedar	To remain	Remained	Remained
Pronunciación	Tu riméin	Rimeind	Rimeind
Permitir	To allow	Allowed	Allowed
Pronunciación	Tu alàu	Alaud	Alaud

Verbo	Presente	Pasado	Participio
(Español)	(Inglés)	(Inglés)	(Inglés)
Perseguir	To chase	Chased	Chased
Pronunciación	Tu chéis	Cheisd	Cheisd
Pertenecer	To belong	Belonged	Belonged
Pronunciación	Tu bilóng	Bilongd	Bilongd
Pesar	To weigh	Weighted	Weighted
Pronunciación	Tu uéit	Ueied	Ueied
Pescar	To fish	Fished	Fished
Pronunciación	Tu fish	Fishd	Fishd
Practicar	To practice	Practiced	Practiced
Pronunciación	Tu prâktis	Praktisd	Praktisd
Preguntar	To ask	Asked	Asked
Pronunciación	Tu ask	Askd	Askd
Preocupar	To worry	Worried	Worried
Pronunciación	Tu uorri	Uorrid	Uorrid
Prevenir	To prevent	Prevented	Prevented
Pronunciación	Tu privént	Privented	Privented
Producir	To produce	Produced	Produced
Pronunciación	Tu prodius	Prodiusd	Prodiusd
Progresar	To progress	Progressed	Progressed
Pronunciación	Tu progrès	Progresd	Progresd

Verbo	Presente	Pasado	Participio
(Español)	(Inglés)	(Inglés)	(Inglés)
Prometer	To promise	Promised	Promised
Pronunciación	Tu promis	Promisd	Promisd
Pronunciar	To pronounce	Pronounced	Pronounced
Pronunciación	Tu pronâuns	Pronaunsd	Pronaunsd
Proteger	To protect	Protected	Protected
Pronunciación	Tu protéct	Protected	Protected
Protestar	To protest	Protested	Protested
Pronunciación	Tu protést	Protested	Protested
Proveer	To provide	Provided	Provided
Pronunciación	Tu provâid	Provaided	Provaided
Querer	To want	Wanted	Wanted
Pronunciación	Tu uant	Uanted	Uanted
Recibir	To receive	Received	Received
Pronunciación	Tu risiv	Risivd	Risivd
Reclamar	To claim	Claimed	Claimed
Pronunciación	Tu kléim	Kleimd	Kleimd
Recordar	To remember	Remembered	Remembered
Pronunciación	Tu rimémber	Rimemberd	Rimemberd
Reemplazar	To replace	Replaced	Replaced
Pronunciación	Tu ripiéis	Ripleisd	Ripleisd

Verbo	Presente	Pasado	Participio
(Español)	(Inglés)	(Inglés)	(Inglés)
Reglamentar, gobernar	To rule	Ruled	Ruled
Pronunciación	Tu rul	Ruld	Ruld
Regresar, volver	To return	Returned	Returned
Pronunciación	To ritoern	Ritoernd	Ritoernd
Rehusar, negar	To refuse	Refused	Refused
Pronunciación	Tu rifiús	Rifiusd	Rifiusd
Reír	To laugh	Laughed	Laughed
Pronunciación	Tu láf	Lafd	Lafd
Repetir	To repeat	Repeated	Repeated
Pronunciación	To ripít	Ripited	Ripited
Reproducir	To reproduce	Reproduced	Reproduced
Pronunciación	Tu riprodiús	Riprodiusd	Riprodiusd
Requerir	To require	Required	Required
Pronunciación	Tu rikuáier	Rikuaierd	Rikuaierd
Resolver	To solve	Solved	Solved
Pronunciación	Tu solv	Solvd	Solvd
Respetar	To respect	Respected	Respected
Pronunciación	Tu rispéct	Rispected	Rispected
Restar	To rest	Rested	Rested
Pronunciación	Tu rést	Rested	Rested

Verbo	Presente	Pasado	Participio
(Español)	(Inglés)	(Inglés)	(Inglés)
Salvar	To save	Saved	Saved
Pronunciación	tu séiv	seivd	seivd
Satisfacer	To satisfy ti	Satisfied	Satisfied
Pronunciación	u satisfá	Satisfaired	Satisfaired
Secar	To dry	Dried	Dried
Pronunciación	Tu drái	Draid	Draid
Seguir	To follow	Followed	Followed
Pronunciación	Tu falou	Faloud	Faloud
Seleccionar	To select	Selected	Selected
Pronunciación	Tu select	Selected	Selected
Servir	To serve	Served	Served
Pronunciación	Tu soerv	Soervd	Soervd
Sonreír	To smile	Smiled	Smiled
Pronunciación	Tu smail	Smaild	Smaild
Suceder	To happen	Happened	Happened
Pronunciación	Tu japen	Japend	Japend
Sugerir	To suggest	Suggested	Suggested
Pronunciación	Tu sugllest	Sugllested	Sugllested
Tener éxito, sobresalir	To succeed	Succeeded	Succeeded
Pronunciación	Tu suksid	Suksided	Suksided

Verbo	Presente	Pasado	Participio
(Español)	(Inglés)	(Inglés)	(Inglés)
Terminar, finalizar	To end	Ended	Ended
Pronunciación	Tu end	Ended	Ended
Trabajar	To work	Worked	Worked
Pronunciación	Tu uork	Uorkd	Uorkd
Transmitir	To transmit	Transmited	Transmited
Pronunciación	Tu transmit	Transmited	Transmited
Unir, asistir	To join	Joined	Joined
Pronunciación	Tu yoin	Yoind	Yoind
Usar	To use	Used	Used
Pronunciación	Tu ius	Iusd	Iusd
Vestir	To dress	Dressed	Dressed
Pronunciación	Tu dres	Dresd	Dresd
Viajar	To travel	Traveled	Traveled
Pronunciación	Tu travoel	Travoeld	Travoeld
Visitar	To visit	Visited	Visited
Pronunciación	To visit	Visited	Visited
Vivir	To live	Lived	Lived
Pronunciación	Tu lív	Livd	Livd
Volverse, dar vuelta	To turn	Turned	Turned
Pronunciación	Tu toern	Toernd	Toernd

Verbo	Presente	Pasado	Participio
(Español)	(Inglés)	(Inglés)	(Inglés)
Votar	To vote	Voted	Voted
Pronunciación	Tu vóut	Vóuted	Vóuted

Es muy importante que observes cómo modificar el verbo para las terceras personas (él, ella, ello o eso) en presente. Lo único que debes hacer es agregar un "es" cuando terminen en "o", y sólo una "s" si terminan de cualquier otra forma:

Presente	Pronun.	Pasado	Pronun.	Significado
I open	Ai óupen	I opened	Ai óupend	Yo abro, abrí
You open	Yu óupen	You opened	Yu óupend	Tú abres, abriste
He opens	Ji óupens	He opened	Ji óupend	Él abre, abrió
She opens	Shi óupens	She opened	Shi óupend	Ella abre, abrió
It opens	It óupens	It opened	It óupend	Eso/ello abre, abrió
We open	Uí óupen	We opened	Uí óupend	Nosotros abrimos
You open	Yu óupen	You opened	Yu óupend	Ustedes abren, abrieron
They open	Zdéi óupen	They opened	Zdéi óupend	Ellos abren, abrieron

Presente	Pronun.	Pasado	Pronun.	Significado
I love	Ái lov	I loved	Ái lovd	Yo amo, amé
You love	Yu lov	You loved	Yu lovd	Tú amas, amaste
He loves	Ji lovs	He loved	Ji lovd	El ama, amó
She loves	Shilovs	She loved	Shi lovd	Ella ama, amó
It loves	It lovs	It loved	It lovd	Eso/ello ama, amó
We love	Uí lov	We loved	Uí lovd	Nosotros amamos
You love	Yu lov	You loved	Yu lovd	Ustedes aman, amaron
They love	Zdéi lov	They loved	Zdéi lovd	Ellos aman, amaron

Presente	Pronun.	Pasasado	Pronun.	Significado
I walk	Ái uók	I walked	Ai uókd	Yo camino, caminé
You walk	Yu uók	You walked	Yu uókd	Tú caminas, caminaste
He walks	Ji uóks	He walked	Ji uókd	El camina, caminó
She walks	Shi uóks	She walked	Shi uókd	Ella camina, caminó
It walks	It uóks	It walked	It uókd	Eso/ello camina, caminó
We walk	Uí uók	We walked	Uí uókd	Nosotros

				caminamos
You walk	Yu uók	You walked	Yu uókd	Ustedes
				caminan,
				caminaron
They walk	Zdéi uók	They walked	Zdéi uókd	Ellos caminan, caminaron

Presente	Pronun.	Pasado	Pronun.	Significado
I wash	Ai uásh	I washed	Ai uáshd	Yo lavo, lavé
You wash	Yu uásh	You washed	Yu uáshd	Tú lavas, lavaste
He washes	Ji uáshes	He washed	Ji uáshd	El lava, lavó
She washes	Shi uáshes	She washed	Shi uáshd	Ella lava, lavó
It washes	It uáshes	It washed	It uáshd	Eso/ello lava, lavó
We wash	Uí uásh	We washed	Uí uáshd	Nosotros lavamos
You wash	Yu uásh	You washed	Yu uáshd	Ustedes lavan, lavaron
They wash	Zdéi uásh	They washed	Zdéi uáshd	Ellos lavan, lavaron

Presente	Pronun.	Pasado	Pronun.	Significado
I believe	Ái bilív	I believed	Ái bilívd	Yo creo, creí
You believe	Yu bilív	You believed	Yu bilívd	Tú crees, creíste
He believes	J i bilívs	He believed	Ji bilívd	El cree, creyó

She believes	Shi bilívs	She believed	Shi bilívd	Ella cree,
It believes	It bilívs	It believed	It bilívd	Creyó eso/ ello cree, creyó
We believe	Uí bilív	We believed	Uí bilívd	nosotros creemos, creímos
You believe	Yu bilív	You believed	Yu bilívd	Ustedes creen' creyeron
They believe	Zdéi bilív	They believed	Zdéi bilívd	ellos creen, creyeron

VERBOS IRREGULARES

Verbo	Presente	Pasado	Participio
(Español)	(Inglés)	(Inglés)	(Inglés)
Agitar	To shake	shook	shaken
	Tu shéik	shuk	shéiken
Atrapar	To catch "	caught	caught
	Tu katch	kót	kót
Barrer	To sweep	swept	swept
	Tu suíp	suépt	suépt
Beber	To drink	drank	drunk
	Tu drink	drank	drunk
Brillar	To shine	shone	shone
	Tu sháin	shóun	shóun
Cabalgar	To ride	rode	ridden
	Tu ráid	róud	ríden
Caer	To fall	fell	fallen
	Tu fol	fel	folen
Cantar	To sing	sang	sung
	Tu sing	sang	song
Cerrar	To shut	shut	shut
	Tu shat	shat	shat
Colgar	To hang	hung	hung

Verbo	Presente	Pasado	Participio
(Español)	(Inglés)	(Inglés)	(Inglés)
	Tujang	Jong	jong
Comenzar	To begin	began	begun
	Tu bigin	bigan	bigon
Comer	To eat	ate	eaten
	Tu it	eit	iten
Comprar	To buy	bought	bought
	Tu bay	bot	bot
Conducir	To drive	drove	driven
	Tu draiv	drov	driven
Congelar	To freeze	froze	frozen
	Til fris	frous	frousen
Conocer	To know	knew	known
	Tu nou	niu	noun
Construir	To build	built	built
	Tu bild	bilt	bilt
Correr	To run	ran	run
	Tu ron	ran	ron
Cortar	To cut	cut	cut
	Tu cot	cot	cot
Crecer	To grow	grew	grown
	Tu grou	gru	groun
Dar	To give	gave	given
	Tu guiv	geiv	guiven
Decir	To say	said	said
	Tu sei	sed	sed
Decir, contar	To tell	told	told
	Tutel	tóuld	tóuld
Dejar, permitir	To let	let	let
	Tu let	let	let
Dejar, salir	To leave	left	left
	Tu liv	left	léft
Despertar	To awake	awoke	awoke

Verbo (Español)	Presente (Inglés)	Pasado (Inglés)	Participio (Inglés)
	Tu aueik	auóuk	auóuk
Despertar	To wake up	woke up	woken up
	Tu ueik ap	uók ap	uóken up
Dormir	To sleep	slept	slept
	Tu slip	slépt	slépt
Encabezar, guiar	To lead	led	led
	Tu lid	led	led
Encontrar, conocer	To meet	met	met
	Tu mit	met	met
Encontrar, hallar	To find	found	found
	Tu faind	fàund	fàund
Enseñar	To teach	taught	taught
	Tu tich	tòt	tòt
Entender	To understand	understood	understood
	Tu onderstend	onderstud	onderstùd
Enviar	To send	sent	sent
	Tu send	sent	sent
Escoger	To choose	chose	chosen
	Tu chus	chóus	chóusen
Esconder	To hide	hid	hidden
	Tu jaid	jid	jiden
Escribir	To wright	wrote	written
	Tu rait	rout	riten
Escuchar	To hear	heard	heard
	Tujir	joerd	joerd
Ganar	To win	won	won
	Tu uin	uon	uon
Gastar, pasar	To spend	spent	spent
	Tu spend	spent	spent
Golpear	To hit	hit	hit

Verbo	Presente	Pasado	Participio
(Español)	(Inglés)	(Inglés)	(Inglés)

	Tu jit	Jit	jit
Guardar,	To keep	kept	kept
conservar	Tu kip	kept	kept
Hablar	To speak	spoke	spoken
	Tu spik	spouk	spouken
Hacer	To do	did	done
	Tu du	did	don
Hacer,	To make	made	made
manufacturar	Tu meik	meid	meid
Iluminar,	To light	lit	lit
alumbrar	Tu laigt	lit	lit
Ir	To go	went	gone
	Tu gou	uent	gon
Jurar	To swear	swore	sworn
	Tu suer	suor	suorn
Lanzar, aventar	To throw	threw	thrown
	Tu zdrou	zdru	zdroun
Lastimar	To hurt	hurt	hurt
	Tu joert	joert	joert
Leer	To read	read	read
	Tu rid	red	red
Llegar a ser	To become	became	become
	Tu bikom	bikeim	bikom
Morder	To bite	bit	bitten
	Tu bait	bit	biten
Nadar	To swim	swam	swum
	Tu suim	suam	suom
Obtener	To get	got	gotten
	Tu guet	gat	gaten
Olvidar	To forget	forgot	forgotten

Verbo	Presente	Pasado	Participio
(Español)	(Inglés)	(Inglés)	(Inglés)
	Tu forguet	forgat	forgaten
Pagar	To pay	paid	paid
	Tu pei	peid	peid
Pararse, ponerse	To stand	stood	stood
	Tu stsend	stud	stud
Pelear	To fight	fought	fought
	Tu faigt	fogt	fogt
Pensar	To think	thought	thought
	Tu zdink	zdogt	zdogt
Perder	To lose	lost	lost
	Tu lus	lost	lost
Pintar, dibujar	To draw	drew	drawn
	Tu dro	dru	droun
Poder	can	could	could
	kasn	kud	kud
Poner	To put	put	put
	Tu put	put	put
Poner, colocar	To set	set	set
	Tu set	set	set
Prohibir	To forbid	forbade	forbidden
	Tu forbid	forbeid	forbiden
Quemar	To burn	burnt	burnt
	Tu boern	boernt	boernt
Recostar, yacer	To lie	lay	lain
	Tu lai	lei	leiri
Robar	To steal	stole	stolen
	Tu stil	stoul	stoulen
Romper	To break	broke	broken
	Tu breik	brouk	brouken
Romper, rasgar	To tear	tore	torn

Verbo	Presente	Pasado	Participio
(Español)	(Inglés)	(Inglés)	(Inglés)
	Tu tir	tor	torn
Sentarse	To sit	sat	sät
	Tu sit	saet	sast
Sentir	To feel	felt	felt
	Tufil	felt	felt
Ser, estar	To be	was, were	been
	Tu bi	uas, uer	bin
Significar	To mean	meant	meant
	Tu min	ment	ment
Soñar	To dream	dreamt	dreamt
	Tu drim	dremt	dremt
Soplar	To blow	blew	blown
	Tu blou	blu	bloun
Sostener,	To hold	held	held
estrechar	Tu jould	jeld	jeld
Tener. Haber	To have	had	had
	Tu jav	jad	jad
Tocar, sonar	To ring	rang	rang
	Tu ring	raeng	rsng
Tomar	To take	took	taken
	Tu teik	tuk	teiken
Traer	To bring	brought	brought
	Tu bring	brot	brot
Tratar,	To deal	dealt	dealt
hacer negocio	Tu dil	delt	delt
Usar, llevar ropa	To wear	wore	worn
	Tu uer	uor	uorn
Vender	To seil	sold	sold
	Tu sei	sould	sould
Venir	To come	came	come
	Tu kom	keim	kom
Ver	To see	saw	seen

Verbo	Presente	Pasado	Participio
(Español)	(Inglés)	(Inglés)	(Inglés)
	Tu si	so	sin
Volar	To fly	flew	flown
	Tu fläi	flu	floun

Al igual que los verbos regulares, los verbos irregulares se cambian para las terceras personas en presente. A continuación, te presentaremos la forma de conjugar algunos de estos verbos en presente y pasado:

Presente	Pronun.	Pasado	Pronun.	Significado
(Inglés)				
I drink	Ai drink	I drank	Ái drank	Yo bebo, bebí
You drink	Yu drink	You drank	Yu drank	Tú bebes, bebiste
He drinks	Ji drinks	He drank	Ji draenk	Él bebe, bebió
She drinks	Shi drinks	She drank	Shi draenk	Ella bebe, bebió
It drinks	It drinks	It drank	It draenk	Eso/ello bebe, bebió
We drink	Ui drink	We drank	Ui draenk	Nosotros bebemos, bebimos
You drink	Yu drink	You drank	Yu draenk	Ustedes beben, bebieron
They drink	Zdei drink	They drank	Zdéi drank	Ellos beben, bebieron
Presente	Pronun.	Pasado	Pronun.	Significado
I drive	Ai draiv	I drove	A i dróuv	Yo manejo, manejé
You drive	Yu draiv	You drove	Yu dróuv	Tú manejas, manejaste
He drives	Ji draivs	He drove	Ji dróuv	El maneja, manejó
She drives	Shi draivs	She drove	Shi dróuv	Ella maneja, manejó
It drives	It draivs	It drove	It dróuv	Eso/ello maneja, manejó
We drive	Ui draiv	We drove	Uí dróuv	Nosotros

				manejamos
You drives	Yu dráiv	You drove	Y u dróuv	Ustedes manejan, manejaron
They drives	Zdéi dráiv	They drove	Zdéi dróuv	Ellos manejan, manejaron

Presente	Pronun.	Pasado	Pronun.	Significado
I give	Ai guiv	I gave	Ai guéiv	Yo doy, di
You give	Yu guiv	You gave	Yu guéiv	Tú das, diste
He gives	Ji guivs	He gave	Ji guéiv	El da, dio
She gives	Shi guivs	She gave	Shi guéiv	Ella da, dio
It gives	It guivs	It gave	It guéiv	Eso/ello da, dio
We give	Ui guiv	We gave	Uí guéiv	Nosotros damos, dimos
You give	Yu guiv	You gave	Yu guéiv	Ustedes dan, dieron
They give	Zdéi guiv	They gave	Zdéi guéiv	Ellos dan, dieron

Presente	Pronun.	Pasado	Pronun.	Significado
I say	Ai séi	I said	Ai sed	Yo digo, dije
You say	Yu séi	You said	Yu sed	Tú dices, dijiste
He says	Ji séis	He said	Ji sed	El dice, dijo
She says	Shi séis	She said	Shi sed	Ella dice, dijo
It says	It séis	It said	It sed	Eso/ello dice, dijo
We say	Ui séi	We said	Uí sed	Nosotros decimos, dijimos
You say	Yu séi	You said	Yu sed	Ustedes dicen, dijeron
They say	Zdéi séi	They said	Zdéi sed	Ellos dicen,

dijeron

Presente	Pronun.	Pasado	Pronun.	Significado
I speak You speak	Ai spik Yu spik	I spoke You spoke	Ai spóuk Yu spóuk	Yo hablo, hablé Tú hablas, hablaste
He speaks She speaks	Ji spiks Shi spiks	He spoke She spoke	Ji spóuk Shi spóuk	Él habla, habló Ella habla, habló
It speaks	It spiks	It spoke	It spóuk	Eso/ello habla, habló
We speak	Ui spik	We spoke	Uí spóuk	Nosotros hablamos
You speak	Yu spik	You spoke	Yu spóuk	Ustedes hablan, hablaron
They speak	Zdéi spik	They spoke	Zdéi spóuk	Ellos hablan, hablaron

SER O ESTAR

Presente (Inglés)	Pronun.	Pasado	Pronun.	Significado
I am	Ái em	I was	Ái uás	Yo soy, fui/ estoy, estaba
You are	Yu ar	You were	Yu uér	Tú eres, fuiste/ estás, estabas
He is	Ji is	He was	Ji uás	El es, fue/está, estaba
She is	Shi is	She was	Shi uás	Ella es, fue/ está estaba
It is	It is	It was	It uás	Eso, ello es, fue/está estaba

We are	Ui ar	We were	Ui uér	Nosotros somos, fuimos/ estamos, estábamos
You are	Yu ar	You were	Yu uér	Ustedes son, fueron/están, estaban
They are	Zdéi ar	They were	Zdéi uér	Ellos son, fueron/están, estaban

PODER

Presente (Inglés)	Pronun.	Pasado	Pronun.	Significado
I can	Ai kasn	I could	Ai kud	Yo puedo, pude
You can	Yu kasn	You could	Yu kud	Tú puedes, pudiste
He can	Ji kasn	He could	Ji kud	Él puede, pudo
She can	Shi kasn	She could	She kud	Ella puede, pudo
It can	It kasn	It could	It kud	Eso/ello puede, pudo
We can	Ui keen	We could	Uikud	Nosotros podemos, pudimos
You can	Yu kasn	You could	Yu kud	Ustedes pueden, pudieron
They can	Zdéi kasn	They could	Zdéi kud	Ellos pueden, pudieron

VIII. AUXILIARES

Ahora que ya tienes un conocimiento más amplio acerca de los verbos, algunas palabras relacionadas a la familia y cosas muy generales, es importante que conozcas cuáles son y cómo se usan los auxiliares en inglés para formar frases más complejas.

Dentro de estos auxiliares, te encontrarás con unos verbos que ya has visto y que ya sabes conjugar, sin embargo, también tienen un uso diferente cuando se usan como auxiliares. Estos verbos son "to do", "to have" y "can".

Para que empieces a conocerlos mejor, te presentamos una lista con los auxiliares más comunes y su pronunciación:

Presente (Inglés)	Pronunciación	Pasado (Inglés)	Pronunciación
Do	Du	Did	Did
Does	Das	Did	Did
Will	Uil	Would	Güd
Can	Ksn	Could	Cud
May	Méi	Might	Máigt
Must	Mast	Should	Shud
Have	Jav	Had	Jad
Has	Jas	Had	Jad
Is	Is	Was	Uás
Are	Ar	Were	Uér

El uso de cada uno de ellos depende de la persona a la cual nos referimos, así como al tiempo en el que hablamos.

Por ejemplo "do" y "does" se usan cuando preguntamos o negamos algo en presente:

Español	Inglés	Pronunciación
¿Usted habla inglés?	**Do** you speak english?	Du yu spik ínglish?
¿Él toca el piano?	**Does** he play the piano?	Das ji pléi zdí piano?
Yo no veo a mi padre	I **do** not see my father	Ai du nat si mái fáder
Él no entiende español	He **does** not understand spanish	Ji das nat ondersténd spanish
El perro no muerde	The dog **does** not bite	Zdí dog das nat báit

*Es muy importante no olvidar que el "do" se usa para "I" (Yo), "You" (Tú, Usted, Ustedes), "We" (nosotros) y "They" (ellos); y el "does" para las terceras personas "He, She, It" (Él, Ella, Eso o Ello).

Cuando usemos cualquier auxiliar en pasado o futuro, el verbo de la oración irá en tiempo presente, por ejemplo:

Español	Inglés	Pronunciación
Ella no estudió inglés	She did not **study** english	Shi did nat stodi ínglish
Ellos no bebieron vino	They did not **drink** wine	Zdéi did nat drink uáin
¿Nadaste en la alberca ayer?	Did you **swim** in the pool yesterday?	Did yu suím in zdas pul yesterdéi?

Para utilizar el "will" y el "would", debemos hacerlo cuando atentemos decir o escribir una acción futura. Este auxiliar se usa igual en todas las personas. No olvides que los verbos siempre irán en presente. Por ejemplo:

Español	Inglés	Pronunciación
Te veré en la escuela	I will see you at school	Ai uíl si yu at skul
Ella estará en la oficina	She will be in the office	Shi uíl bi in zdí ófis
Nosotros seremos doctores	We will be doctors	Uí uíl bi dóctors
Él sería mi cuñado	He would be my brother in law	Ji güúd bi mái bróder in lo
Ellos cantarían en la iglesia	They would sing at the church	Zdéi güúd sing at zdí choerch

Por lo que respecta al "can" y al "could" (poder), generalmente acompañan frases que necesitan del verbo poder. Por ejemplo:

Español	Inglés	Pronunciación
Yo puedo ver el reloj	I can see the clock	Ai ksen si zdí klok
Él puede conducir al trabajo	He can drive to work	Ji ksen dráiv tu uórk
No puedes ir a la escuela	You can not go to school	Yu ksen nat góu tu skul
Ella podría cocinar en mi casa	She could cook at my house	Shi cud kuk at mái jáus
Nosotros no podríamos hacer eso	We could not do that	Uí cud nat du zdat

Cuando necesitamos usar la frase "podría" o "es posible que", usaremos el auxiliar "may" o "might", dependiendo del tiempo gramatical en el que estemos. Por ejemplo:

Español	Inglés	Pronunciación
Tú puedes ir al baño	You may go to the bathroom	Yu méi góu to zdas bázdrum
Ella puede sentarse en la silla	She may sit in the chair	Shi méi sit-in zdae cher
Mi padre no puede tomar leche	My father may not drink milk	Mái fáder méi nat drink milk
Podríamos preguntar	We might ask	Uí máigt ask

al maestro	the teacher	zdas tícher
Yo podría escribir a	I might write to	Ai máigt gráit tu
mi hermano	my brother	mái bróder

El auxiliar "must" (debe) es muy utilizado en las frases donde se hace énfasis en el verbo. Por ejemplo:

Español	Inglés	Pronunciación
Él debe dormir	He must sleep	Ji mast slip
Ella debe estudiar	She must study	Shi mast stoedi
Nosotros debemos comer	We must eat	Ui mast it
Tu papá debe trabajar	Your father must work	Yur fáder mast uórk
Ustedes deben tomar una ducha	You must take a bath	Yu mast téik a bazd

Cuando utilicemos el verbo "have" (tener o haber), debemos tener cuidado con las terceras personas y con el tiempo gramatical que utilicemos.

"Have" significa "haber" en los tiempos "perfectos":

Presente perfecto: I have visited my uncle (He visitado a mi tío).

He has finished the job (El ha terminado el trabajo).

Pasado perfecto: I had written four letters (Yo había escrito cuatro cartas).

She had lost her keys (Ella había perdido sus llaves).

Español	Inglés	Pronunciación
Tengo que aprender inglés	I have to learn English	Ái jav tu lera inglish
Tienes que limpiar tu cuarto	You have to clean your room	Yu jav tu clin yur rum
Él no ha pagado su automóvil	He has not paid his car	Ji jas nat péid jis car
Ellos habían visto tres gatos	They had seen three cats	Zdéi jav sin zdrí cats
Ella tiene que irse mañana	She has to go tomorrow	Shi jas ti góu tumórrou

Finalmente, dentro de los auxiliares más utilizados, podemos encontrarnos con el verbo "to be" (ser o estar). Una característica muy importante, es que los verbos que siguen al "to be", generalmente terminan con "ando" o "endo". En inglés, para poder hacerlo, sólo debemos de agregar "ing" al verbo. En algunos métodos clásicos, a este tiempo se le denomina "presente continuo". Los siguientes ejemplos te darán una idea más amplia de cómo utilizarlos:

Español	Inglés	Pronunciación
La niña está jugando en el patio trasero	The girl is playing in the bakcyard	Zdae goerl is pléying in zda; bákyard
Mi amigo está hablando a su tío	My friend is talking to his uncle	Mái froend is tolking tu jis oencl
Yo estaba escuchando al sacerdote	I was listening to the priest	Ai uás lísning tu zdae prist

NEGACIONES MÁS COMUNES

Dentro del idioma inglés, se puede echar mano de ciertos elementos para hacer más corta y cómoda la manera de escribir y de hablar. Uno de estos elementos, es la manera en que muchos estadunidenses utilizan el "not". Lo correcto, dentro de las normas clásicas del idioma, es utilizarlo de la siguiente manera:

PRESENTE

Español	Inglés	Pronunciación
El no es mi hermano	He is not my brother	Ji is nat mái bróder
Tú no eres un doctor	You are not a doctor	Yu ar nat éi doctor
Nosotros no queremos huevos para desayunar	We do not want eggs for breakfast	Uí du nat uánt egs for brekfast
Ella no visitó a su familia	She does not visit her family	Shi das nat vísit jer fámili

Sin embargo, también se puede abreviar la negación si unimos el auxiliar con "not" y colocamos una "comilla" de la siguiente manera:

Español	Inglés	Pronunciación
El no es mi hermano	He **isn't** my brother	Ji isnt mái bróder
Tú no eres un doctor	You **aren't** a doctor	Yu arnt éi doctor
Nosotros no queremos huevos para desayunar	We **don't** want eggs for breakfast	Uí dont uánt egs for brekfast
Ella no visitó a su familia	She **doesn't** visit her family	Shi dasnt vísit jer fámili

Para abreviarlo, haremos el siguiente cambio:

Español	Inglés	Pronunciación
Ella no manejará mi automóvil	She won't drive my car	Shí güont dráiv mài car
Yo no comeré esa sopa	I wouldn't **eat** that soup	Ài güúdnt it zdat sup

Y por lo que toca a los tiempos perfectos, es decir, los que utilizan el auxiliar "have", la negación se hará de la siguiente manera:

Español	Inglés	Pronunciación
Yo no he visto ese árbol	I have not seen that tree	Ái jav nat sin zdat tri
Él no ha estudiado para el exámen	He has not studied for the exam	Jijas nat stadid for zdi eksám
Nosotros no hemos escalado la montañá	We had not climb the mountain	Uí jad nat cláimb zdas máuntein

Y para abreviarlo, se hará igual que en los casos anteriores, es ecir:

Español	Inglés	Pronunciación
Yo no he visto	I haven't seen	Ái jav nat sin
ese árbol	that tree	zdat tri
El no ha estudiado	He hasn't studied	Ji jas nat stadid
Para el exámen	for the exam	for zdi eksám
Nosotros no hemos	We hadn't climb	Uí jad nat climb
escalado la montaña	the mountain	zdas máuntein

Por lo que se refiere al pasado, también se puede hacer de la misma manera. Lo único que debemos cuidar es la utilización del auxiliar y del verbo adecuado. Por ejemplo:

PASADO

Español	Inglés	Pronunciación
Yo no estaba ahí	I was not there when	Ai uás nat zder juén
cuando llegaron	they arrived	zdéi arráivd
Tú no estabas en casa	You were not at	Yu uér nat at jom
el domingo	home on sunday	on sándei
Ustedes no llevaron	You did not take	Yu did nat téik
libros a la escuela	books to the school	buks tu zdae skul

Y la manera de abreviarlos es la siguiente:

Español	Inglés	Pronunciación
Yo no estaba ahí	I wasn't there when	Ai uásnt zderjuén
cuando llegaron	they arrived	zdéi arráivd
Tú no estabas en casa	You weren't at home	Yu uérnt at jom
el domingo	on Sunday	on sándei
Ustedes no llevaron	You didn't take books	Yu didnt téik buks
libros a la escuela	to the school	tu zdas skul

En futuro se hará así:

Español	Inglés	Pronunciación
Ella no manejará	She will not drive	Shi uíl nat dráiv
mi automóvil	my car	mái car
Yo no comeré	I would not eat	Ai güúd nat it
esa sopa	that soup	zdat sup

Para abreviarlo, haremos el siguiente cambio:

Español	Inglés	Pronunciación
Ella no manejará	She won't drive	Shi güónt dráiv
mi automóvil	my car	mài car
Yo no comeré	I wouldn't eat	Ái güúdnt it
esa sopa	that soup	zdat sup

Y por lo que toca a los tiempos perfectos, es decir, los que utilizan el auxiliar "have", la negación se hará de la siguiente manera:

Español	Inglés	Pronunciación
Yo no he visto ese	I have not seen that	Ai jav nat sin zdat
árbol	tree	tri
Él no ha estudiado	He has not studied	Jijas nat stadid
para el exámen	for the exam	for zdi eksám
Nosotros no hemos	We had not climb	Uí jad nat ctáimb
escalado la montañá	the mountain	zdse máuntein

Y para abreviarlo, se hará igual que en los casos anteriores, es decir:

Español	Inglés	Pronunciación
Yo no he visto	I haven't seen	Ái jav nat sin
ese árbol	that tree	zdat tri
El no ha estudiado	He hasn't studied	Ji jas nat stadid
Para el exámen	for the exam	for zdi eksám
Nosotros no hemos	We hadn't climb	Uí jad nat climb
escalado la montaña	the mountain	zda máuntein

Los pronombres que terminan en *SELF* tienen 3 usos en inglés.

Inglés	Pronunciación	Español
Myself	Maisélf	Yo mismo
Yourself	Yursélf	Tú mismo(a)
Himself	Jimsélf	Él mismo
Herself	Jersélf	Ella misma
Itself	Itsélf	Ello mismo
Ourselves	Aursélvs	Nosotros(as) mismos(as)
Yourselves	Yursélvs	Ustedes mismos(as)
Themselves	Zdemsélvs	Ellos(as) mismos(as)

IX. ADVERBIOS

Otros elementos o herramientas de suma importancia dentro del idioma inglés son los adverbios. Éstos te pueden ayudar para hacer más completa la frase u oración que intentas transmitir.

Ya no sólo podrás decir cosas limitadas, sino que con los adverbios, lograrás ser más específico y claro a la hora de hablar o escribir.

A continuación, te presentamos una lista muy completa de adverbios. Estúdiala y empieza a echar mano de ellos.

Español	Inglés	Pronunciación
A menudo, seguido	Often	Ófen
A veces, en ocasiones	Sometimes	Somtaims
Ahora	Now	Náo
Ahora mismo	Just now/Right now	Yast náu/Roáit náu
Al menos, por lo menos	At least	At list
Allí	There	Zder
Antes, delante	Before	Bifór
Aquí	Here	Jir
Así	That way	Zdát uéi
Ayer	Yesterday	Yesterdéi
Bastante, suficiente	Enough	Inóf
Bien	Well	Uél
Casi	Almost	Ólmoust
Cerca	Near	Nir'

Ciertamente	Certainly	Soértenli
Como	As	As
Completamente	Quite	Kuait
Cuándo	When	Juén
Cuánto	How much	Jau moech
Cuántos	How many	Jau méni
De ninguna manera	Not at all	Nat at ol
De otra manera	Otherwise	Óderuáis
Demasiado	Too much	Tu moech
Demasiados	Too many	Tu méni
Después	After	After
Dónde	Where	Juér
Dos veces	Twice	Tuáis
Efectivamente, de veras	Indeed	Indíd
En alguna parte	Somewhere	Somjuasr
En cualquier parte	Anywhere	Enijuasr
En ninguna parte	Nowhere	Noujuasr
En seguida	At once	At uáns
Entonces	Then	Zden
Fácilmente	Easily	ísili
Fuera	Outside	Autsáid
Hoy	Today	Tudéi
Malamente	Badly	Bádli
Mañana	Tomorrow	Tumórrou
Más	More	Mor
Mejor	Better	Bérer
Menos	Less	Les
Mucho	Much	Moech
Muchos	Many	Méni
Muy	Very	Vérri
No	No/Not	Nóu/Nat
Nunca	Never	Néver
Otra vez	Again	Aguén
Peor	Worse	Uórs

Poco	Little	Lirl
Pocos	Few	Fiú
Probablemente	Probably	Probabli
Pronto	Soon	Sun
Quizá	Perhaps/Maybe	Perjáps/Méibi
Seguramente	Surely	Shúrli
Seguro	Sure	Shur
Si	Yes	Yes
Siempre	Always	Oluéis
Sólo	Only	Ónli

VIAJES - TRIPS (TRIPS)

Español	*Inglés*	*Pronunciación*
Aeropuerto	Airport	Érport
Asiento	Seat	Sit
Avión	Airplane	Érplein
Barco	Ship	Ship
Camarote	Cabin	Cábin
Camión, autobús	Bus	Bos
Capitán	Captain	Captén
Carretera	Road	Róud
Chofer	Driver	Dráiver
Cinturones de Seguridad	Seat bealts	Sit belts
Equipaje	Baggage	Báguech
Estación de tren	Train station	Tréin stéishon
Llegada	Arrival	Arráival
Maleta	Bag	Bag
Océano	Ocean	Óushean
Pasaporte	Passport	Pásport
Piloto	Pilot	Páilot
Salida	Departure	Departoer
Super carretera	Freeway	Fríuei
Tren	Train	Tréin
Vagón	Wagon	Uéigon
Vía férrea	Railway	Réiluei

X. PREPOSICIONES

Las preposiciones son sumamente importantes en el idioma inglés, sobre todo cuando queremos ubicar exactamente algo o a una persona. A continuación te presentamos una lista de las preposiciones más usuales:

Preposición (Español)	Inglés	Pronunciación
A lo largo	Along	Along
A través	Across	Akrós
A través. Por	Through	Zdrú
A, para, hasta, hacia	To	Tu
Abajo	Down	Dáun
Acerca de	About	Abáut
Alrededor	Around	Aráund
Arriba	Up	Ap
Bajo	Under, underneath.	Ónder, óndernid.
	Below	Bilóu
Con	With	Uíd
Conforme a	According	Akórding
Contra	Against	Aguénst
De	Of	Of
De, desde	From	From
Debajo de	Beneath	Binízd
Delante de	Before	Bifór
Dentro de	Within	Uidín
Desde que	Since	Síns
Después	After	Áfter
Detrás	Behind	Bijáind
Durante	During	During
En	In	In
En lugar de	Instead of	Instéd of
En, a	At	At
En, dentro	Into	Íntu

Como podrás darte cuenta, hay varias preposiciones en inglés que tienen el mismo significado en español. Esto se debe a que en nuestro idioma no somos tan específicos como en el inglés.

Por ejemplo, en el inglés "in", "at" y "on" significan en español "en". Sin embargo, cada una tiene un sentido específico. A continuación te presentarnos unos ejemplos para que observes el uso de cada una de ellas:

Español	Inglés	Pronunciación
Estaré ahí en pocos minutos	I will be there in few minutes	Ai uíl bi zdér in fiú minoets
Ella estaba en cama	She was in bed	Shi uás in bed
Te veré en la escuela	I will see you at school	Ai uíll si yu at skul
Mi hermano está en la casa	My brother is at home	Mái bróder is at jom
El reloj está en la pared	The clock is on the wall	Zdae klók is on zdse uól
Puedes sentarte en la silla	You can sit on the chair	Yu kaen sit on zdae cher

Con estos ejemplos, podemos darnos cuenta que aunque las tres signifiquen lo mismo en español, para el idioma inglés son tres cosas diferentes. "In" se refiere a "dentro de algo" o "tiempo"; "at" se refiere a un lugar determinado; y "on" se refiere a "sobre" o "encima" de algo.

También las preposiciones pueden afectar a los verbos directamente, dando un nuevo significado en algunos de ellos. Los casos más usuales en inglés son los siguientes:

Verbo (Inglés)	Preposición	Frase	Pronunciación	Significado (Español)
To come	by	come by	com bái	aproximarse, acercarse
To come	down	come down	com dáun	bajar
To come	in	come in	coni in	entrar
To cme	up	come up	com ap	subir
To go	away	go away	góu auéi	retirarse, irse
To go	by	go by	góu bái	pasar
To go	down	go down	góu dáun	bajar

To go	in	go in	góu in	entrar
To go	off, away	go off go away	góu of	irse
To go	on	go on	góu on	seguir adelante
To go	up	go up	góu ap	subir
To take	away	take away	téik auéi	llevarse
To take	from	take from	téik from	tomar
To take	off	take off	téik of	quitar
To take	to	take to	téik tu	llevar

Algunas frases que sirven para ejemplificar lo anterior Pueden ser las siguientes:

Español	Pronunciación	Inglés
¿Quieres entrar?	Du yu uánt to com in?	Do you want to come in?
Juan, baja un momento	Yon, com dáun for a móment	John, come down for a moment
Prosigue con tu vida	Góu on uíd yur lif	Go on with your life
Márchate, no te quiero ver	Góu auéi, ái du nat uánt to si yu	Go away, I do not want to see you
Quítate tus zapatos	Téik of yur shus	Take off your shoes
Llévate a ese perro de mi cocina	Téik auéi zdát dog from mái kíchen	Take away that dog from my kitchen

Estos verbos compuestos son muy usuales en inglés y se les llama **phrasal verbs.** Por lo tanto, debido a su importancia, nos referiremos a ellos en un capítulo posterior, para tratarlos más ampliamente.

XI. Conjunciones

Antes de entrar a la parte final de este método básico de inglés, es necesario que conozcas cuáles son las conjunciones en inglés más comunes. Con ellas, lograrás unir diferentes tipos de oraciones, logrando tener una fluidez natural a la hora de expresar tus pensamientos.

De la misma manera que sucede con adverbios y preposiciones, en las conjunciones nos toparemos con varias que tienen el mismo significado en español. A continuación te presentamos un listado de las conjunciones más usuales:

Conjunción	Inglés	Pronunciación
A menos que	Unless	Oenlés
A no ser que	Save	Séiv
Para que no,		
No será que	Lest	Lest
Apenas	Scarcely	Skérseli
Así	So	Sóu
Aún, siquiera	Even	Íven
Aunque	Though, although	Zdóu, oldóu
Como	As	As
Con tal que	Provided	Prováided
Dondequiera que	Wherever	Jueréver
Entonces	Then	Zdén
Mientras	Whilst/while	Juáilst/juáil
Mientras que	Whereas	Juéras
Mientras tanto	Mean while	Min juáil
Ni, tampoco	Neither	Náider/níder
O	Or, either	Or, áider/íder
Pero	But	Boet
Por lo tanto	Therefore	Zdérfor
Porque	Because	Bicós
Que	That, than	Zdát, zdán
Sea como fuere	At any rate	At éni réit
Si	If	If
Si, sea que	Whether	Juéder
Siempre que	Whenever	Juenéver
Sin embargo	However,	Jauéver,
	Nevertheless,	Neverdselés,
	Notwuthstanding,	Natuidsténding,
Tan bien como	Yet	Yet
	As well as	As uél as
Y	And	End

| Ya que,
Puesto que | Since | Síns |

XII. ADJETIVOS CALIFICATIVOS

Como bien lo dice su nombre, los adjetivos calificativos se encargan de resaltar o significar cosas y personas debido a sus características. Por ejemplo, con ellos, podemos decir si alguien es alto, delgado, moreno, bueno, etc. De igual lanera, podemos distinguir las cosas por su color, olor, textura, etcétera.

En el idioma inglés, como te habrás dado cuánta a lo largo de las lecciones anteriores, el orden de las frases no es igual que en español. En nuestro idioma decimos "Un árbol alto", y en inglés se dice "Un alto árbol". Así pues, cuando tratemos de poner un adjetivo calificativo a cualquier persona o cosa en inglés, debemos colocarlo antes del "sujeto". Otra cosa muy importante sobre los adjetivos calificativos, es que todos ellos, son lo mismo para singular o plural y para femenino o masculino.

A continuación, te presentaremos una lista de adjetivos calificativos, y al final de ella, te daremos unos ejemplos para que logres entender perfectamente la manera de acomodarlos en las frases.

Español	Inglés	Pronunciación
Agrio	Sour	Sáuasr
Alto	High, tall	Jáig, tol
Amargo	Bitter	Bíter
Ancho	Wide	Uáid
Áspero	Rough	Róf
Bajo	Low	Lóu
Barato	Cheap	Chip
Bien, "buena onda"	Cool	Kul
Bobo	Dunce	Doens
Bonito	Pretty	Príti
Bueno	Good	Gud
Caliente	Hot	Jot
Callado, tranquilo	Quiet	Kuáiet
Caro	Expensive	Ekspensiv
Chico	Small	Smól

Claro	Clear	El ir
Cobarde	Coward	Cáuard
Corto	Short	Shórt
Crudo	Raw	Ro
Cuidadoso	Careful	Kerful
Débil	Weak	Uik
Delgado, fino	Thin	Zdin
Desagradable	Nasty	Nasti
Descortés	Gross	Grous
Descuidado	Careless	Kerles
Difícil	Difficult	Dificolt
Dulce	Sweet	Suit
Duro	Hard	Jard
Enfermo	Sick	Sik
Estrecho	Narrow	Narrou
Fácil	Easy	Isi
Feliz	Happy	Japi
Feo	Ugly	Ogli
Fiel	Faithful	Feidful
Flaco	Lean	Lin
Frío	Cold	Could
Fuerte	Strong	Strong
Fuerte, ruidoso	Loud	Laud
Gordo	Fat	Fat
Grande	Big	Big
Grandioso	Great	Greit
Grueso	Thick	Zdik
Hermoso(a)	Beautiful	Biutiful
Honrado, honesto	Honest	Onest
Infeliz	Unhappy	Oenjapi
Infiel	Faithless	Feidles
Joven	Young	Yong

Largo	Large	Larch
Largo	Long	Long
Leal	Loyal	Loial
Lento	Slow	Slou
Limpio	Clean, neat	Clin, nit
Loco	Nuts	Nats
Malo	Bad	Bad
Mentiroso	Liar	Làiar
Necio	Foolish	Fulish
Nublado, nebuloso	Foggy	Fógui
Oscuro	Dark	Dark
Pequeño	Little	Lirl
Perfecto(a)	Perfect	Pérfect
Pobre	Poor	Pur
Puro	Pure	Piur
Rápido	Fast	Fast
Raro	Weird	Uird
Rico	Rich	Rich
Sano	Healthy	Jélzdi
Sensato, sabio	Wise	Uàis
Suave, blando	Soft	Soft
Sucio	Dirty	Dérti
Tierno	Tender, kind	Tender, kàind
Triste	Sad	Sad
Valiente	Couragous	Koeràyas
Viejo	Old	Old

A continuación te presentaremos unos ejemplos de cómo utilizar algunos adjetivos calificativos. Tú también lo puedes hacer, pero recuerda leerlos en voz alta.

El amigo de mi hermana Karen es un mentiroso.

The friend of my sister Karen is a liar.

Zdse frend of mái sister Karen is a láiar.

El doctor me dijo que era un joven saludable.

The doctor told me that I was a healthy young man.

Zdas doctor told mi zdát ái uás a jélzdi yóng masn.

Es una mañana muy fría.
It is a very cold morning.
It is a veri could morning.

Horacio es un hombre alto.
Horacio is a tall man.
Horacio is a tol maen.

Mi padre es un hombre honrado.
My father is an honest man.
Mái fáder is an ónest msen.

Mi padrino es una persona dulce.
My godfather is a sweet person.
Mái gadfáder is a suit pérson

Antes de abandonar el capítulo dedicado a los adjetivos calificativos, nos gustaría incluir en ellos a los colores. Los nombres de los colores en inglés son muy sencillos de aprender y muy útiles a la hora de querer hacer una frase donde se describan las características de algo o alguien.

En el siguiente listado encontrarás algunos colores, los cuales, también puedes usar como adjetivos calificativos:

Español	Inglés	Pronunciación
amarillo	yellow	yélou
azul	blue	blú
blanco	white	juáit
café	brown	bráun
dorado	golden	gólden
gris	gray	gréi
morado	purple	poerpl
naranja	orange	órasnch
negro	black	blák
Plateado	silver	sílver
rojo	red	red

rosa	pink	pink
verde	green	grín
violeta	violet	váiolet

XII. APRENDAMOS A SALUDAR Y A DESPEDIRNOS

Una buena manera de empezar a conversar es saludar de la manera correcta. Al igual que en español, en inglés debemos mostrar respeto por alguien que no conocemos o que es nuestro superior; cierta cordialidad con personas que nos rodean, y completa familiaridad con amigos y personas en nuestra casa.

A continuación, te mostraremos la forma de saludar a cualquier persona:

Inglés	Pronunciación	Significado y Uso
Hi	Jái	**Hola,** (saludo informal)
Hello	Jelóu	**Hola,** (saludo informal)
Nice to meet you	Náis tu mit yu	Gusto en conocerle, (**saludo formal**)
Please to meet you	Plis tu mityu	Un placer en conocerle, (saludo bastante formal)
Good morning	Gud morning	Buenos días, (saludo formal)
Good afternoon	Gud afternún	Buenas tardes, (saludo formal)
Good evening	Gud ivning	Buenas noches, (saludo formal)

Cuando deseamos despedirnos de alguien, también lo podemos hacer de diferentes maneras. He aquí algunas de ellas:

Inglés	Pronunciación	Significado y Uso
See you	Si yu	Nos vemos, (despedida muy informal)
See you later	Si yu léiter	Nos vemos después, (despedida muy informal)
Bye	Bái	Adiós, (despedida informal)
Good bye	Gud bái	Adiós, (despedida amistosa informal)
Nice to meet you	Náis tu mit yu	Gusto en conocerle, (despedida formal)
Please to meet you	Plis tu mit yu	Un placer en conocerle, (despedida bastante formal)
Good morning	Gud mórning	Buenos días, (despedida formal)
Good afternoon	Gud afternún	Buenas tardes, (despedida formal)
Good evening	Gud ívning	Buenas noches, (despedida formal)

XIII. LOS DÍAS, MESES Y ESTACIONES DEL AÑO

Si vas a hablar inglés, debes conocer perfectamente los días de la semana, el nombre de los meses y las estaciones del año. A continuación, te presentaremos cada uno de ellos y te pondremos frases que contenga todo lo visto hasta aquí.

Empezaremos por los días de la semana. En inglés, semana se dice "week" y se pronuncia "uík":

Español	Inglés	Pronunciación
Lunes	Monday	Móndei
Martes	Tuesday	Túsdei
Miércoles	Wednesday	Uénsdei
Jueves	Thursday	Zdoérsdei
Viernes	Friday	Fráidei
Sábado	Saturday	Sátoerdei
Domingo	Sunday	Sándei
Fin de semana	Weekend	Uíkend

Have a nice weekend.
Jav a náis uíkend.
Que tengas un bonito fin de semana.

He will go to my house Sunday morning.
Ji uíl góu to mái jáus sándei morning.
Él irá a mi casa el domingo por la mañana.

I have to work on Saturday.
Ai jav tu uórk on sátoerdei.
Tengo que trabajar en sábado.

Éstos son sólo unos ejemplos de lo que puedes decir utilizando los días de la semana, así como todo lo que ya has aprendido.

Los meses del año también son muy importantes, así que es necesario memorizarlos. Es muy sencillo, pues son un poco similares a los nombres en español. En inglés, la palabra "mes" se dice "month" y se pronuncia "mónd". A continuación, te presentaremos los meses del año:

Español	Inglés	Pronunciación
Enero	January	Yénueri
Febrero	February	Fébiueri
Marzo	March	March
Abril	April	Éiprol

mayo	May	méi
junio	June	yun
julio	July	yulái
agosto	August	ógost
septiembre	September	septémber
octubre	October	octóber
noviembre	November	novémber
diciembre	December	disémber

My son was born in August.

Mái son uás born in ógost.

Mi hijo nació en agosto.

December is a very cold month.

Disémber is a veri cold mónd.

Diciembre es un mes muy frío.

Finalmente, te mostraremos cómo se dicen en inglés las cuatro estaciones del año. En inglés "estaciones" se dice "seasons" y se pronuncia "sísons"; y como "año" se dice "year" y se pronuncia "yir", cuando quieras decir "las estaciones del año", dirás "the seasons of the year" y lo pronunciarás "zdí sísons of zdí yir".

Español	Inglés	Pronunciación
Primavera	Spring	Spring
Verano	Summer	Sómer
Otoño	Fall/autumn	Fol/órom
Invierno	Winter	Uínter

This is a very hot summer.

Zdís is a veri jat sómer.

Este es un verano muy caliente.

I will go to México next winter.

Ái uíl góu to México next uínter.

Iré a México el próximo invierno

TÍTULOS DE ESTA COLECCIÓN

- ¿Descubrimiento o conspiración?
- ¿Existe en verdad Bin Laden?
- ¿Se están cumpliendo las profecías?
- Ahnenerbbe
- Alamut
- Altares, ofrendas, oraciones y rituales a la santa muerte
- Ángeles, espíritus de luz
- Apariciones celestiales
- Aprenda inglés ya
- Armas secretas nazis
- Bob Marley. Guía para guitarra acústica
- Cocina con sabor para diabéticos
- Cómo echar la baraja española
- Cómo hacerlo bien
- Cómo ligar sin fallar
- Cromoterapia
- Cuentos infantiles de siempre
- Curación con agua
- Curación con aguacate
- Curación con chocolate
- Curación con papaya
- Curación con plantas medicinales
- Curación con terapias naturales
- Curso completo de tarot
- Deja de fumar y para siempre
- El cuerpo. ¿Dónde está el cuerpo de Cristo?
- El gran libro de la ouija
- El gran libro de las adivinanzas
- El gran libro del tarot de Marsella
- El gran secreto nazi
- El libro de las virtudes para los niños
- El libro de los dinosaurios
- El libro de los muertos
- El libro de los objetos imposibles
- El libro de todos los refranes
- El libro de todos los dichos y las sentencias
- El libro del feng shui
- El origen del mal
- El poder de los orishas
- El Renacimiento
- El sexo tántrico
- El tesoro del vegetariano
- El Tri. Guía para guitarra acústica
- El último Papa
- El verdadero Jesús
- En busca del evangelio perdido
- Exorcismo
- Fantasías sexuales femeninas
- Fantasmas
- Fundamentos de ajedrez 1
- Fundamentos de ajedrez 2
- Gran recetario de magia blanca
- Guía fácil para adivinar las cartas
- Guía para predecir y solucionar problemas por medio de los sueños
- Guía práctica y sencilla de la cartomancia
- Hechizos amorosos
- Hipnosis
- Iridología
- La antigua Palestina
- La cruz y la svástica
- La Inquisición
- La Revolución Francesa
- La sábana santa y el santo sudario
- La Segunda Guerra Mundial
- La urna de Santiago
- La verdadera tumba de Jesús
- La vuelta al mundo del sexo a través de la historia
- Las claves de la vida eterna
- Las mentiras de la historia
- Los aztecas
- Los Beatles. Guía para guitarra acústica
- Los chinos
- Los chistes más chin...
- Los chistes más mam...
- Los egipcios
- Los enigmas de Hitler